「学び」が深まる実践へ　*1*

「火起こし」体験に見る5歳児の探究の世界

磯部 裕子　編著

藤澤友香子／早川陽太郎　著

目　次

JN061295

I　はじめに

　保育の質の向上に対する検討が，国，研究者，実践者レベルで，様々
な形で進められているが，未だ明確かつ具体的な実践が見えずにいる。
我が国の幼児教育は，幼稚園，保育所，認定こども園の３種類の保育
施設で行われており，またその多くを民間施設が担っていることもあっ
て，多様な実践が生まれやすい土壌にある。そのことが，歴史的に見て
も型通りの実践を超えた豊かで個性的な実践を生み出してきたことも否
定できないが，一方ですべての子どもたちが，この時期に必要な質の高
い幼児教育を受けることが実現されてきたかというと，必ずしもそうと
は言い切れない現実がある。

　その要因の一つが，保育という実践は，「遊びを中心として行う」と
いうテーゼにある。「遊び」という営為が「教育」という概念と結びつ
きにくく，「遊びを通して教育する」という実践の理解の困難さが様々
なレベルの〈遊び〉を生み出し，多元化された教育実践が行われるに至っ
ている。さらに，保育という実践は，「invisible pedagigy（見えない教育）」
と言われるように，きわめて可視化しづらい。安易に可視化しようとす
ればするほど，いわゆる教授的な〈教育〉に行きついてしまうという難
題にもぶつかる。質の高い保育とは，いわゆる教授的な〈教育〉を目指
すものではないどころか，むしろ正反対の実践を目指しているにもかか
わらず，この理解の困難さとそこに付随する難題が，質の高い保育の実
践のカオスを生み出している。

　これまでも，こうした保育のカオスを整理すべく，研究者や実践者が
様々な方法でアプローチしてきた。ある研究者は遊びそのものを質的に
あるいは量的に問い，ある実践者はカリキュラムをリデザインし，可視

化の困難な実践をドキュメンテーションに描き続けてきた。筆者が出会った数多くの研究者や実践者もまた，多様なアプローチで，保育の難題に挑戦しつづけている。

　本シリーズでは，こうした先駆的かつ意欲的な研究や実践に刺激をうけつつ，それらの成果に依拠し，困難の中にある保育実践を，「学び」というアプローチから検討することを試みている。本シリーズは，保育者が記録した一年間の実践を，ほぼそのままに掲載し，「遊び」から深まる実践の具体を紹介する。そこには，単に楽しく愉快に遊ぶ子どもの姿ではなく，また保育者の計画に従って，よき結果を出すことで称えられる子どもの姿でもなく，自ら学び，仲間と共に実践を作り出す力強い子どもたちの姿を見ることができる。こうした姿を読み解きながら，質の高い実践とは何か，そのことを探る契機としたいと考えている。

　本シリーズにおいて実践部分を記したのは他ならぬ保育者自身である。子どもと共に遊び，生活する保育者たちである。その記録は，保育の事例そのものであり，保育者自身の思いであり，生きる姿でもある。そこに描かれているのは，大人と子どもがともに暮らす保育の場に生成する物語である。この物語を通して，保育という営為を再考し，質の高い保育とは何かという難題を議論の場に問題提起することが本シリーズの目的でもある。

　まずは，遊ぶ子どもの魅力的なその姿を愉しみつつ，読み進めていただき，読者のみなさまお一人お一人の目の前に広がる保育の実践の質を再考いただく契機となれば幸いである。

Ⅱ 「学び」を問うことの意味

　「遊びを通した教育」という保育の基本テーゼは，きわめて難解である。それは，「遊び」という営為と「教育」という営為が容易に結びつかないからである。ヨハン・ホイジンガは，著書『ホモ・ルーデンス』の中で，「あそびは人間活動の本質である」と述べているが，遊びは，人間の主体的営為そのものである。つまり，「遊びたいから遊ぶ」－これが，遊びの本質である。それに対して，「教育」はどうだろうか。教育の場としての「学校」を作り上げた近代教育は，子どもを可塑性に富んだ存在として捉え，より多くの知識や技能を効率的に教え込み，その知識や技能の内在化こそが教育の成果と捉えてきた。こうした近代教育観の文脈で，「遊びを通して教育する」を捉えると，遊びは時に「方法」として理解される可能性があり，事実そうした実践を目にすることもないわけではない。言うまでもないが，保育における遊びは，方法ではなく，目的そのものである。遊ぶことそのことそのものが，子どもにとっての意味であり，学びなのである。したがって，「遊びを通して教育する」とは「遊ぶことによって学び合う実践」と言い換えてもいいだろう。

　ここで「学び」という概念を整理しておくことも必要かもしれない。昨今，「学び」というタームが一般化し，「学び」を「知識や技能を内在化する営為（従来型の学習あるいは勉強）」と同義語として単に言い換えている事例も目にしないわけではない。しかし，教育界では，「学び」と「学習あるいは勉強」の概念は，イコールではなく，むしろ異なるものとして意識的に使用されてきた経緯がある。それは，1990 年代に佐藤学らの学校改革，授業改革を目的とした議論や実践に端を発している。佐藤は，「勉強」と「学び」の違いを「出会いと対話」の有無にあ

るとしている。佐藤は，「学び」は第一に，対象世界（題材・教育内容）との対話的実践であり，第二に教師や仲間とのコミュニケーションを通した実践であり，第三に自分自身と対話し自らのアイデンティティを形成する実践である。よって，学びは，「世界づくり」であり「仲間づくり」であり「自分づくり」を三位一体で追及する対話的実践であると述べている。¹これ以降，多くの研究者が，「学び」の概念を様々な文脈で捉えなおし，更新し続けてきた。その捉え方には，多少の差があるものの，共通するのは，「学習あるいは勉強」が，主として近代学校において実践されてきた教授によって子ども自身が知識や技能を獲得することによって生じる子どもの変化であるのに対して，「学び」は，学び手としての子ども主体の活動によって生じる子ども自身の変容であるとすること。さらに，「学習」は，個人的な営みであるのに対して，「学び」は，協同的な営みであり，対話的な営みであり，文化的実践であることである。学びをこのように定義すると，保育が，「遊びを通して学び合う実践である」と言い換えることの意味が明らかになってくる。つまり，保育における遊びは，遊び学ぶ子ども自身が主体であること。保育は，「遊びを通して教育する」が，その教育は教授的行為ではなく，子どもの学びが生成する実践であること。保育者は，単に子どもと楽しく愉快に遊ぶ存在ではなく，子どもと共に対話し，協同し，学びを生み出す存在であることである。

　このように考えると，日々私たちが保育という実践を振り返り検証する際に，目の前に広がる実践に，子どもの「学び」が生成しているのか，あるいは「学びあう実践」となっているのかという点は，重要な視点であると考えられる。筆者は，「保育の質」を問う際に，この点が必須で

1　佐藤学　放送大学叢書『教育の方法』左右社　2010　p.98

あると考えているが，その点については，後述する。

　では，「学び」が生成する実践とは何か。そこにある協同性とは何であり，ここでいう文化的実践とは何か。そのことを検証するために，ここに一つの事例を紹介する。

　本事例は，４月当初，協同性の気配さえ感じ合えないクラスの子どもたちが，保育者と共に「火起こし」という容易には乗り越えられない課題に出会い，それに挑戦することを通して，仲間の存在のかけがえのなさを感じ，「地球温暖化問題」という難題に向き合っていくという保育者と年長児の暮らしを綴ったものである。それは，「地球温暖化問題」という一見，５歳児にはとても扱いきれないように見えるテーマが，子どもたちの日々の何気ない疑問，他者の声に耳を傾ける関わり，そこから生まれるもっと知りたい，わかりたい，という思いの深まりによって，「難題」が「自分事」に変容していく探究のプロセスともいえるだろう。

Ⅲ　つながる体験と探究の先に

● 事例 ● 「火起こし」体験に見る５歳児の探究の世界

　「みどりの森」は，仙台市の中心部に位置する認定こども園である。長く幼稚園として，地域の保育に貢献してきたが，平成27年度より幼保連携型認定こども園に移行し，今に至っている。本園では，子どもの遊びと生活を大切にした実践を行っており，子どもたちは，登園してから昼食の時間まで，ひたすら好きな遊びをして過ごす。運動会や発表会などの保護者に見せるような毎年決まった行事も設けていない。

　教育目標の一つに「自分自身が地球の中の自然の一つと感じられる」

（表 1・p.70）を設定していることもあり，日常の保育の中で，身近な自然との触れ合いを大切にしている。特に年長児は，この教育目標を実現すべく，子どもの興味から出発した遊びから，時間をかけて遊びを深め，次第にクラス全体の遊びへと深化させていく実践（プロジェクト型保育）に取り組んでいる。

　本事例は，2021 年度の年長児（けやき組）35 人と担任保育者 3 人の 1 年間の記録である。

1.「火起こし」の始まり

● 年度当初のクラスの様子と保育者の迷い

　どの園でもそうであろうが，本園でも，年長組に進級した子どもたちは，園の最年長者になったということ，そのことに大変誇らしい思いを抱く。進級したその日から，園庭，園舎を我がものとしたかのように，自信にみなぎった表情で存在感を発揮する。例えば，園庭の中央に大きな土の山を作って水を勢いよく流したり，大人数で鬼ごっこをし，園庭中を全力で走り回ったりする。年下の子どもたちは，その様子に憧れたり，圧倒されたりしている。保育者は，そんな姿を見て，「あぁ，年長組になったのだなぁ」と実感するのである。

　それが，どうもこの年の年長組けやき組（以下「けやき組」と記載）の子どもたちは，違っていた。パッと園庭を見回した時，年長児がどこにいるのか確認できなかった。よく見てみると，園庭の隅の砂場やブランコで 2，3 人ずつ遊んでいる。部屋の中で積み木やお絵描きをしている子もいるが，いずれも決まった遊びをいつもの友だちとしている。保育者が提案して，ドッジボールや鬼ごっこをしてみても，ボールを投げる，鬼を決めるなどの場面で，「ぼくはいいよ」と譲り合ったり，「ジャ

ンケンで決めよう」とすぐに安易な解決方法を選択する。意見のぶつかり合いがないのは，一見，おちついた仲間関係にも見えるが，自分たちで新しい遊びを創り出していくような展開は見られなかった。

　この年のけやき組の子どもたちは，気持ちは優しいのだか，慎重派が多く，年長組になった喜びよりも，新しいことへの不安を大きく持つ姿が見て取れた。担任保育者三人は，そのような４月の子どもたちの姿を見て，年長組としては，何か物足りなさを感じていた。心と体を開放するような遊びをしてみてはどうかと，保育者自身が率先して全身泥んこになったり，水びたしになったりして遊ぶ姿を見せたりしてみたが，子どもたちは，のってくるどころか，誘われることを怖れて隠れたり，保護者に「やりたくないって言って」と頼む子も出てきてしまう始末であった。

　こうした子どもの姿を受け，この年のけやき組の子どもたちの課題は何か，職員間で話し合うことにした。「絶対に大丈夫」と思えることはできるが，「これは，やったらどうなるかな？」ということには，慎重になってしまう子どもたち。失敗するかもしれないけれど，やってみようと思えること，つまり，子どもたち一人一人が「自信」をもって生活できるような援助が必要なのではないかという結論に至った。

　自信をもって生活するために必要な体験とは何なのか，そのための援助とは何なのかを考えるに際し，本園のこれまでの保育を振り返ってみた。子どもたちの主体的な体験を大切にする保育を積み上げてきた本園の保育を振り返ると，子どもたちが自らの手や体を使って何かを生み出す体験が，大きな自信となってきたことが思い出された。その体験の一つとして，これまでも，何度か挑戦してきた「原始的な火起こし」ができる環境を用意してはどうか，ということが提案され，まずは，それを

8

やってみることになった。

　ここで，一つの迷いがあった。本園では，子どもの主体的な遊びを大切にしている。保育者が唐突に遊びを提案するのではなく，常に子どもたちの「やりたい」という思いから出発していく遊びを大切に保育を展開してきた。火起こしを子どもたちに体験させたいという保育者のねらいがあったとしても，それを子どもたちに，「これをやりましょう」と提案することは，私たちが大切にしてきた保育とは，異なる実践なのではないか。この保育者の提案をどのように保育として実現していくのか。それについては，明確な見通しがなかった。そこで，担任保育者間で考えた末，まずは火起こしをする保育者の姿を子どもたちに見せ，その反応を見てみようということになった。子どもたちは，時に，保育者の意図を汲んで，「やる」「やろうかな」などと言うことがあるかもしれないが，その時点では安易に誘うことはせず，子どもたちからやってみたいと思う時をじっくりと待つという姿勢で，この「環境」を用意することにした。

　まずは，担任の一人である男性保育者が原始的な火起こしに挑戦することにした。もちろん，こうした環境による援助では，子どもたちは火起こしに興味を示さないことも予想できた。その場合は，違う環境，あるいは違う体験を用意しようと考え，まずは，ここから出発することにした。

錐揉み式火起こし

● 環境としての保育者の姿

　子どもたちが皆，自由に好きな遊びを行っ

ている中，保育者が一人クラス前
で，錐揉み式（※1）火起こしを始
めた。子どもたちは不思議そうに
「何，やってんの？」と聞いてきた。
保育者は，「お泊まり会で火を起こ
せないと，ごはんが食べられないか
らね」と答えた。本園では，毎年，

弓切り式火起こし

年長組は園内でお泊り会を行っており，園庭で野外炊飯をして自分たち
の夕食を作っている。子どもたちは，突然保育者が火起こしを始めたの
で，疑問に思い「どうして火を起こすのか」と聞いてくるだろう。その
時は「お泊り会で使う火が起こせるように，保育者が取り組んでいるの
だ」と話そうと担任保育者間で決めていた。もし，子どもたちが火起こ
しに興味を持ったなら，ひとつのよい目標にもなると思ったのである。
しかし，火起こしをする保育者を尻目に，「ふーん……」と，他の遊び
に行ってしまう子どもたちだった。

　保育者は，毎日火起こしに挑戦し続けた。しかし，手にマメができる
だけで，なかなか火は起きない。数日後，錐揉み式より少し簡単な弓切
り式（※2）に変更した。保育者が連日火起こしに挑戦していると，あ
る日，子どもたちの方から，「手伝ってあげようか？」と声を掛けてき
たことがあった。これに対して「この言葉は火起こしへの気持ちなのか？
一人で火が起こせない保育者に気を遣った言葉なのか？」と保育者は子
どもの気持ちをはかりかね，子どもたちが本当に自分でやりたいという
気持ちになるまで待ちたいと思い，子どもの真意を確かめたい気持ちで
「手伝いならいらないよ」と言ってみた。すると「そっか〜」と離れて行っ
てしまった。手伝うと言いだした子も保育者に断られると，あっさりと

その場を去っていく様子からも，この段階では，子どもたちが火起こしに対して大きく心が動いていないのでは？と思われた。

10日間ほど挑戦し続けているうちに，子どもたちの反応が変わってきた。ほとんど興味を示さずに火起こしをする保育者を横目に見ていた子どもたちだったが，一日の大半の時間，保育者の火起こしの応援をしていたり，「火が起きたら園庭で焚火したいな」と思いを語ったりするようになっていった。

　さらに数日，子どもたちが見守る中で火起こしを続けていると，びわ，ゆうじん，せいたが「オレもやってみたいな」と言いだした。しかし保育者は自分での火起こしをまだ成功させておらず，さらに「手伝う」の時との気持ちの違いも確認したいと思い「道具は貸せないし，悪いけど教えている余裕はないよ」と，伝えてみた。すると，子どもたちが「俺たち見てたからやり方わかる！教えられなくても大丈夫！」と言い，「どこで材料集めたの？」と聞いてきた。保育者が「園庭で拾ってきたよ」と言うと，子どもたちは「オレたちも探してくる！」と言って，自分たちで園庭に走って行った。そして，ちょうどいい大きさの枝や板など，火起こしの道具に必要そうな材料を自分たちで集めてきた。子どもたちのそんな変化に，保育者は「子どもたちの心が動いてきた！」と，感じた。

　それからは，保育者も，道具作りを手伝ったり（紐を結ぶなどの子ど

もの力のみでは難しいと感じる作業)，使っていない時にやる気のある子には道具を貸したりするようにした。道具ができあがり，子どもたちは見様見真似で火起こしに挑戦し始めた。

　子どもたちの力だけで，弓切り式火起こしを成功させるのは無理だろうと思ったが，やる気をもって主体的に火起こしに挑むことこそが大事なことだと思ったため，その様子を見守ることにした。子どもたちのやる気ある姿に保育者も刺激を受け，火起こしを成功させる姿を早く見せたいと感じ，保育者自身も俄然やる気に火がついた。

　さらに続けること数日。ついに保育者が，弓切り式火起こしで発火に成功した。最初に挑戦を始めてから約2週間が経っていた。見ていた子どもたちは，驚いた表情で，慌てて他の子どもたちを呼びに行っていた。そして，けやきのみんなで「やった～！ようたろう（保育者の名前）の火がついた！」「本当に火が起きた」と大喜びした。他のクラスの保育者や保護者にも「今日ね，ようたろうの火がついたんだよ！」と嬉しそうに報告する姿もあった。

　その翌日から，子どもたちでも，やりやすいと思われる舞錐式（※3）火起こしに変更した。そして保育者が初めに舞錐式火起こしに成功する

※1　錐揉み式：もっとも原始的な火起こし方法。木の棒（火切り棒）を木の板（火切り板）のくぼみに立てて，両手で棒をはさんで回転させ，火きり棒と火切り板の摩擦熱で発火させる。
※2　弓切り式：錐揉み式火起こしの，火切り棒を手で回転させる部分を，弓に棒に巻きつけ，弓を使って棒を回転させることで発火させる。
※3　舞錐式：主軸となる木の棒に紐の付いた取っ手を取り付け，棒の下部に丸材を付けて重りとした火起こし器の紐を軸棒に巻きつけてから，取っ手を素早く上下にリズミカルに動かして，軸棒を回転させることで発火させる。

と，その火で子どもたちの念願の焚き火を囲んで昼食を食べたりした。子どもたちは，火が消えそうになると，急いでうちわで扇いだりし，火を絶やすまいとしていた。その様子からは火起こしで起こした火への思いが「特別なもの」になりつつあるように感じられた。保育者である筆者にとっても，火が起きた時の達成感は言葉では言い表せないものだった。そして，この達成感をぜひ子どもたちにも味わってほしいと心から思った。また，子どもたちがまるで自分のことのように保育者の火起こしの成功を喜んでくれたことから，保育者が頑張っている姿をしっかりと受け止めてくれていたことが感じられ，そのことも嬉しかった。

● 火起こしの挑戦！ ─数人の関心からみんなの関心へ─

　それから，本格的に子どもたちも火起こしに挑戦し始めた。舞錐式火起こしも，火起こし器を動かすにはコツが必要で，始めからうまくはいかなかった。しかし，保育者が長い期間格闘してきた姿を見てきたからか，自ら選択したからなのか，子どもたちは，火起こしをするのだから頑張るのは当然というように，挑戦し続けていた。

　火起こしに挑戦する子も日に日に増えてきた。続けるうちに腕や背中が疲れてきて，「腕がパンパンだ！」とか「背中が痛い〜」とか言い

舞錐式火起こし

ながらも，どこか楽しそうに笑顔で火起こし器を動かしていた。だんだん火起こし器を上手に動かせるようになると，摩擦で熱くなった板を触って「あっつ……！」と驚きつつも嬉しそうにしていた。

　そして，まだ誰も火を起こした子はいないにも関わらず，多くの子が火起こしに夢中になった。保護者から，「火起こしするから，早く園に行くって言っています」と話があったり，「休みの日も火起こしをしたいから火起こし器を貸してほしい」と言う子がいたりするほどであった。そして，火起こしに夢中になっているメンバーは，子どもたちの間で，「火起こし部」と呼ばれるようになった。このやる気や根気強さは担任の予想以上であった。保育者が火起こしに挑んでいる間，それを見ている子どもが誰もいない瞬間もあった。「挑戦する保育者の姿は環境の一つ」と考え続けていたものの，正直このまま続けてもよいだろうかと迷うこともあった。しかし，子どもたちの前で，続けたことに意味があったのだ，とその時確信できた。

　連日，子どもたちが火起こしに挑む中で，ついに子どもたちの中から火起こしの成功者が出た。第一号はそうただった。火が起きた時，そうたは，やりきったような，信じられないような，なんともいえない表情をしていた。そして，じわじわと喜びが込み上げてきた様子で立ち上がり，ガッツポーズをした。後にそうたにその時のことを聞いたところ，「なんでか（なんだか）涙もでてきたんだよ」
と話していた。保育者たちも，そうたのそんな様子を見てうれしくなっ

た。本当に子どもたちの力で火が起きたことを感慨深く思った。保育者自身も火が起きるまでの大変さや火が起きた時の喜びを知っているだけに，そうたと言葉を交わすまでもなく，その頑張りを讃え，心から共感することができた。そして，この日そうたの姿に刺激を受け，びわも火起こしに成功した。さらに，ゆうじんも火種ができたり，他の子も，煙や木クズが焦げて黒い粉が出る子がいたりと確実に火起こしが上達してきている子どもたちだった。

●コメント●

 環境としての保育者の存在

　保育は，環境を通して行う。よって，保育を計画し，デザインするうえで，環境構成は欠かせない。多くの保育者たちが，よりよい実践の実現のために，翌日のあるいは今後の保育の見通しのうえで環境構成について検討し，準備する。園の指導計画に「環境構成」の欄が記されているのも，それゆえである。「保育者自身も環境である」ということはよく言われることであるが，ここでの「火起こしをし続ける保育者の姿」は，まさに「計画された環境としての保育者の姿」である。主体的な遊びを大切にする園の保育の理念からすると「火起こしをする」という保育者の提案が，それに反するようにも思えるという保育者の「迷い」が，この環境を選択させている。

　「主体的な遊び」というのは，常に子どもから発信する遊びを意味するわけではなく，時に保育者側から提案することもないわけではないだろう。保育者の思いや願い，実践に対する意図や計画性が

ない実践はない。問題は，子どもの思いとのずれや子どもの興味や関心を揺さぶることのない実践をどう展開していくかという判断である。本園の保育者が，「環境としての保育者」としてありつつも，子どもの反応やつぶやきを見守りつつ，「これでいいのか」「いや，今は違う」と問い続けながら，「ここに居る」ことが，のちに，保育者自身が「子どもたちの前で，続けたことに意味があったのだ，とその時確信できた」と述べているように，この実践のこれからを作り出している。

（磯部裕子）

● 火は水に弱い ?!

　その頃，火起こしと平行して，主に女児たちが，パン作りに夢中になっていた。それまでは，自分たちで生地を作り，給食室で焼いてもらっていたが，子どもたちで火起こしが成功したことから，パン作りをしていた女児たちが，今度は「自分たちの起こした火で（外のパン焼き釜を使って）パンを焼いてみたい！」と言い出した。前日にパン生地を作って寝かせておき，翌日火起こし部のメンバーは，朝から張り切って登園し，火起こしを始めた。

　しかし，この日は頑張っても頑張っても火が起きなかった。パンの成型を終えた女児たちも，「ポンポンを作って応援しよう！」と話し合い，「がんばれー！」と声援を送り続けた。

　けれども，火が起きないままに，この日はパンを焼き上げるに至る時間が無くなってしまった。そこで，みんなで集まって話し合うことになった。この時保育者は，子どもたちは「給食室で焼いてもらえばいい」と

言い出すのではないかと予想していた。そして，話し合いが始まり，保育者が「今，まだ火が起きてないけど，もう今日は時間がないんだ」と話すと，「パン生地を取っておいて，また明日やればいいじゃん！」と子どもたち。「でも，もう一晩置いてしまったから，生地は，これ以上置けないんだ」と伝えた。ここまでくると，子どもたちも納得して給食室で焼いてもらおうと言うだろうと予想した。少なくとも，これまでのけやき組の子どもたちはそうだった。しかし，簡単にはうなずかない子どもたち。その中でゆうじんが「絶対に自分たちの火で焼きたい！」と強く主張した。そのゆうじんの言葉に子どもたちは影響されたようで，みんなが「絶対，自分たちの火で焼きたい！」と言って引かなかったのだ。これまで，何かを決める時に，揉めそうになると「それでいいよ」とすぐに譲っていた子どもたちが，「絶対自分たちの火で焼きたい」と言って引かない姿に，子どもたちの中の何かが変わり始めていることを感じた。子どもたちからこれまでにない思いが感じられ，保育者たちは驚きながらその様子を見守った。そこから，子どもたちの中で「自分たちの火でパンを焼く」ということが目標になり，「次こそは絶対に成功させる！」と強く主張する姿が見られるようになった。

　そして，話し合いの中で「どうして今日は火が起きなかったのか」という話題になるとゆうきが，「今日は雨だから」と発言した。すると，けんじが，ハッとしたように，「火は水に弱いから，今日は火がつかなかったんだよ。今日はしょうがないよ。また今度晴れの日に，みんなの力を合わせて火起こししようよ」と言った。その言葉に，他の子たちも，「そうだね。毎日天気予報チェックしよう！」「今度はオレもやる！」「オレも天気予報チェックするよ！」と口々に言い，子どもたちが，次の挑戦に向かって前向きに気持ちを切り替えた。

けんじの「火は水に弱い」の言葉から，翌日，保育者は，湿度計を用意してみた。そして，湿度計という，空気の中の水分の量を測る道具であることを伝えた。すると子どもたちは，湿度計を持ちながら園内を歩き回り，湿度の低い場所を探し始めた。子どもたちは，湿度の低い場所が火が起きやすい場所であると考えたようだった。園内を歩き回った結果，火起こし部の子どもたちは，２階のテラスが湿度が低いことに気付き，そこで火起こしを始めることにした。

そこで火起こしを始めると，なんと早々に火が起きた。慌てて「火がついたぞー！」とクラスの仲間に知らせに行く子どもたちや，それを聞いて「火が通りまーす」と道を開けるよう先導する子，ペチカにくべられた火を絶やすまいとうちわで扇ぐ子などがいて，実際に火起こしをしていない子も含め，クラス全体が火起こしに気持ちが向き始めているように感じた。これまで周囲との関わりにあまり興味のなかった子どもたちが，火起こしを自分事として捉え始めて，火起こしに対する熱量が変わってきたように感じた。

翌日，自分たちの火でパンを焼くことができ，充実感を得た子どもたちだった。子どもたちは，一度失敗したことで，なぜだったのか，どうしたら上手くいくのかを考えると同時に，より一層自分たちの火でパンを焼くことにこだわり，火が起きた時の喜びも，誰か一人のものではなくなって，火起こしが，クラスみんなの関心事になっていることが感じられた。

18

●コメント●

 小さな疑問を支える保育者の援助

　けんじの「火は水に弱い」という発言を受けて，保育者が翌日湿度計を用意する。5歳児にとって，湿度計は決して身近な道具（教具あるいは遊具）でもないだろうが，どうしても火をつけたい子どもたちにとって，さらに，火がつかなかった原因を探りたい子どもたちにとっては，今後の保育を方向付ける重要な環境の一つとなっている。湿度計が必要となることは，保育者が前々から予測し，準備してあったわけではない。しかし，「今，この時」のタイミングで，これを準備する保育者の援助にこそ意味がある。

　保育内容は，小学校以上の教育のように系統的に構成されていない。子どもの発見は，時に突発的で順序性がない。しかし，子どもの「今この時の関心」とどう向き合うかが，保育内容の深まりを左右する。湿度計そのものの「学習」は，小学4年生の学習内容である。しかし，けやき組の子どもたちにとっては，園内の湿度の測定は，「今試したい」，「今知りたい」ことであり，今がその「学びの時」なのである。この「学びの時」に適切な環境を用意することこそ，「環境による保育」の実践ともいえるであろう。こうした援助と環境が，翌日，火起こしに成功した子どもたちの体験を単に「火起こしに成功した」だけではない，実感と納得を伴う体験に導いている。（磯部裕子）

● 火起こしチームの葛藤

　お泊り会が近づいてきた。保育者が火起こしを始めた当初にも，「お泊り会では，自分たちで夕食を作ること，その際に火は必ず必要になる」ということは，すでに話題にしていたこともあって，子どもたちは火が起こせるようになってくると，「これでお泊り会も大丈夫かなぁ……」などと話すようになっていた。

　お泊り会の内容を話し合った際，自分たちの火で夕食を作るだけでなく，キャンドルに火をつけたり，キャンプファイヤーも自分たちの火で行うことに決まった。そして，夕食作りのチーム分けをする際に，火起こしチームを作ることにした。火起こしチームを希望した子どもたちは，ほとんどが既に火起こしを成功させた子どもたちだったが，その中でひなた，せいいちろう，のぶひろ，なおやの４人はまだ火が起こせていなかった。その中でひなたは，火起こしこそ成功したことはないものの，誰かの火が起きると，その火が絶えないようにうちわで扇いだり，薪をくべたりする仕事（子どもたちは火の番と呼んでいた）を率先してやっていたためか，ひなたが火起こしチームに入ることに反対する子どもは誰もいなかった。しかし，せいいちろう，のぶひろ，なおやの３人には，子どもたちの中から「本当に（３人は）お泊まり会で火起こせるの？」と心配する声が上がった。３人はたまに火起こし器を手にしていることはあるが，短時間で他の遊びに移ってしまうことが多かった。そんな３人の様子を見ていたからか，火起こし部の子どもたちから「もし火起こしチームに入るなら，これから毎日練習してね」と言われ，のぶひろは「できなさそう」とその場で身を引き，せいいちろうとなおやは「これから頑張る！」と言って，入ることが決まった。しかし，その後の様子を見ていると，せいいちろうは練習に励んでいたものの，なおやは火起こし

しの練習に身が入らずに他の遊びに興味がある様子だった。そこで，火起こしチームのメンバーで話し合いをした。すると，子どもたちから「なおやは，やっぱり練習してないから無理だと思う」「このままじゃ火起こしチームではできないよ」という声が上がった。実は，なおやは，火起こしチームに普段はよく遊んでいる友だちも多い。なおやは遊びの中でユニークな考えを出すことも多く，仲間から一目置かれていた。そんななおやに対し，火起こしチームの子どもたちから，厳しい意見が出たことに保育者は驚いた。4月当初は，ぶつかり合いを避け，不満があっても，「別にいいよ」と言って譲ったり，「どっちでもいいよ」と判断を保育者に委ねる子どもたちだったからだ。また，火起こしチームが，お泊まり会で火を起こすという役目に対して，子どもたちが責任を持ち，本気で向き合っていることが伝わってきた。そして，なおやはこれから頑張るか，お泊まり会での火起こしチームは辞めるのかという選択を迫られ，「できなさそうだから辞める」と自ら言った。

　保育者はなおやの選択についてそのまま受け入れてよいのか，迷った。なんとかして，なおやの気持ちを火起こしの方に向けるよう働きかけ，火起こしチームに入れるべきなのではないかとも考えた。しかし，クラスで火起こしを始めた目的は，自分の意志でやりたいと挑戦し，向き合う過程を経て，本当の自信をつけてほしいということであった。保育者が，この段階であれこれと声を掛けて，なおやの気持ちが乗らないうちに無理にやらせるべきではないのではないか。お泊り会に向け，これまで毎日練習に打ち込んできた火起こしチームの意見を尊重せずに，保育者の一声で火起こしチームに入れるべきではないのではないかと考えた末，なおやの火起こしチームを辞める選択を止めなかった。その後も，なおやは，自分のやりたい遊びを楽しんでいる様子が見られた。（お泊

り会当日は，朝から枕投げを友だちと楽しみ，友だちの枕が梁の上に上がってしまうと，長い竹を持ってきて取ることを試みるなど，なおやらしく，お泊り会を楽しんでいた。しかし，なおやには少なからず，悔しさがあったに違いない。いつか，必ず達成感を得る体験ができるよう，機会を逃さずなおやを見守っていかなくてはならないと保育者は，考えていた。）

　もう一人，火起こしチームのメンバーの中で，葛藤を抱えていた子がいた。まだ火起こしに成功していないひなただった。ひなたは，火起こしに成功したことこそないが，友だちの起きた火を絶やすまいと毎回顔を真っ赤にしながら火の番を担っていた。そのことは，クラスのみんなも分かっていて，火起こしメンバーに入ることに異論を唱える子は誰もいなかった。しかし，ひなたはお泊り会前々日の夕方の預かり保育の時間になっても，火起こしを成功させようと頑張っていた。けれども，なかなか上手くいかない様子が見られたため，保育者は「一緒にやろう」と声を掛けた。保育者が一緒にやって成功することが，果たしてひなたにとって本当の自信に繋がるのか，それはわからない。しかし，火起こしチームのひなたは，お泊り会前の今，自分も他の火起こしメンバーと同様に，火を起こしたいのではないかと思った。二人で火起こしをすると，なんとか火を起こすことができた。保育者と一緒に起こした火を扇ぎながら，ひなたは「まにあったぁ……」としみじみと呟いた。ひなたは，やはり火起こしチームとしてお泊り会前に火を起こしておきたいと思っていたのだ。今回は，保育者が一緒に行ったことも，意味があったのだと考えた。

　そして，正式に10人の火起こしチームが決まり，翌日からも練習に励んでいた。また，お泊まり会の火起こしでは，火起こしに使える時間

は約30分という時間的な制約があった。そのことを火起こしチームの子どもたちに伝えると、「どうすれば確実に、時間内に火を起こすことができるか」を考えていた。そして、火起こしチームのメンバーが「二人組になって火起こしをした時、一人で起こすよりも早く火が起こせた」と話し、これまでは一人で火が起こせることこそ、カッコイイと言っていた子もいたが、「当日は、二人組で火を起こそう！」と火起こしチーム全員一致で決まった。そして、自分たちで二人組を作り、担任に時間を測ってほしいと言って、実践練習も行った。なんとか時間内で二組が火を起こすことに成功した。その報告を聞き、クラスの他の子どもたちもホッとした様子だった。それぞれ、役割を持って進めていたキャンドル作りやパン作りなどのお泊り会の準備は、全て火に関わるものであったし、また、火起こしチームでない子どもたちも火起こしチームを応援したり、火起こしで必要な準備を手伝ったりする中で、火起こしチームの頑張りを感じていたのだろう。お泊まり会に向け、クラスが「自分たちの火で」という共通の目標ができていることが感じられた。

　そして、迎えた当日。例年のお泊まり会はチームごとに分かれて準備を進めるが、火起こしの時間は、みんなで見守ることにした。クラス全員のいつにも増した熱い応援と期待のまなざしの中、火起こしチームの全5組10人の子どもたちは、大変気合が入っており、いつもなら、時間が経つと疲れて遅くなっていく腕の動きも、ずっと同じペースを保っていた。そして、1組目はこれまでで最短の5分ほどで火が起きた。歓喜の中でも、他の組も火起こし器を動かすことを止めることは

なく，最終的に全5組が30分以内に火起こしに成功した。見ていた子どもたちも，「すごい！」「全員だ！」「かっこいい」と，まるで自分たちも火起こし器を握っていたかのような興奮状態だった。火起こしチームの子どもたちは，「全員はすごい

な！」と言い合い，肘タッチをしたり肩を組んだりし，その火起こしチームを囲むようにしてクラス全員の拍手が鳴りやまなかった。

　その後の夕飯作りやキャンプファイヤーでは，火起こしチームだけでなく，どの子も一人一人がお泊り会を自分事として役割に取り組んでいることが感じられた。4月の頃，一歩後ろに下がって見ているだけだった子どもたちが，自ら動く子どもたちに変わってきたことが感じられたお泊り会だった。

2．火起こしへの関心の深まり

● なぜ火を起こすのか ─ 目的が見えてきた！

　本園では，お泊り会が終わるとすぐに夏休みに入る。担任保育者たちは，夏休みの間に，2学期の保育の見通しを考えた。1学期の間に，クラスには，火起こしの体験を通して熱い思いを持って何かに取り組むという雰囲気ができた。この勢いがあれば，2学期になって，子どもたちが火起こし以外の何かに興味を示したならば，そのことを深めていっても良いのではと考えられるようにもなっていた。

　しかし，夏休み中も預かり保育で登園していたあまねは，「あ〜，早く火起こししてぇな〜。早く，夏休み終わらないかな？」などと言う姿

が見られた。この姿を見て，子どもたちの火起こしへの関心は，簡単に失われるものではなさそうだと感じた。けれども，1学期は「お泊り会に向けて」という火を起こすことの明確な目的があったが，2学期は「ただ，火を起こしたいから起こす」ということになってしまわないか，それで良いのだろうかと保育者間で議論になった。火を起こし，大きくするためには燃料となる薪が必要であり，目的もなく薪を消費することは，保育者たちには良いことには思えなかった。しかし，大人の一方的な意見を押し付けることはしたくない。そのため，2学期の子どもたちの様子を見ながら，子どもたちの意見を聞いてみようということになった。

　そして，迎えた2学期。初日から，「よ〜し，火起こしやるぞ！」とお泊り会で火を起こしたメンバーが張り切って火起こしを始めた。そこまでは予想通りであったが，この日，担任の予想に反して，今まで火起こしをしていなかった子や，女の子までもが，火起こし器を手に取っていた。子どもたちの火起こしに対する意欲は，お泊り会の火起こしチームの活躍によって，さらに広がっていたのだ。

　その日は，火を起こした後の目的もなく火起こしが始まった。保育者は，子どもたちが，自分たちで起こした火を何にも利用できなかった時，どうするのか，どう感じるのか知りたかった。そのため，敢えて火が起きるまで何も言うことなく見守った。ほどなく，火が起きたので，「今日って，火で何かするの？」と保育者が問うと，「う〜ん，これからジャガイモでも買ってくる？（焼いて食べる）」と子どもたち。「でも，（ジャ

ガイモを買う）お金はどうする？」などと返し，そうしたやりとりをしている間に，起こした火は，何にも使われることなく燃え尽きてしまった。すると，あまねが，残った灰を見つめながら，ポツンと「もったいなかったな……」と言った。

　あまねのこの一言について，クラスのみんなはどう思うか話し合った。保育者が「今日，火は起きたんだけどね，何にも使わないでいるうちに，燃え尽きちゃったんだ。あまねは，『もったいなかった』って言ってたよ。みんなは，どう思う？」と投げかけてみた。すると，子どもたちは「ぼくも，もったいないと思う」「ぼくも」「わたしも」という声が続いた。さらに，「何かする時だけ，火を起こしたらいいんだよ」という意見が出された。「何かって？　火を使って，何ができるのかな？」と聞いてみた。すると，「もっと，いろんな種類のパンを焼いてみたい」「けやきで作ってる米（毎年，年長組は田んぼを借りて稲を育てる体験をしてい

る)を炊きたい」「お湯も沸かせるはずだよ」「お皿も焼けるんじゃない？」「松明にもできるよね。明かりにもなる」など，たくさんの意見が出た。子どもたちが火でできることを実際に試してみたいと，考えているようだった。

　そこで2学期の間，自分たちの起こした火で，様々な種類のパンを焼き，そのパンを園内のみんなにふるまうお店を開いたり，パンをのせるお皿を土粘土で作って焼いたりした。さらに，自分たちで育てた米を繰り返し炊いておにぎりやカレーを作ったり，畑で育てていた蒟蒻芋を蒟蒻にする作業も，全て自分たちの火で行った。誕生会のろうそくの火も一度もマッチやライターを使うことはなかった。他クラスの芋煮会や焼き芋の火も毎回けやき組が担当し，その腕前を年下の子にも見せたりした。

　その間，火起こしの輪もどんどん広がっていった。4月の頃は，友だちのすることに敢えて口出しをするような子がいないクラスだったのだが，火起こしをする時は，初めての子や慣れない子が挑戦する際，経験者たちが集まってきて，熱心に応援する姿を見るようになった。成功する子がいると，まるで自分のことのように喜び，肘タッチをすることが恒例となり，「次は，シングルだな！（二人組ではなく，一人で火を起こすことを子どもたちが名付けた）」と，激励する声を掛けたりしていた。そして，いつしか火起こしに熱心な子どもたちは，「（クラス）全員で成功してぇな」と言うようになっていた。すでに火起こしに成功している子どもたちは，火が起きた時の達成感を知っているからこそ，みんなにも同じ思いを感じてほしいと思っていたのではないか。そして，仲間の成功が自分たちにとっても喜びとなることを感じつつある様子が見て取れた。

● なおやが火起こし部に入る！

　応援が人一倍盛り上がった日があった。それは，お泊り会で，火起こしチームに入らないことを選択したなおやが，本気で火起こしに挑戦した時だった。なおやは，少しずつ，火起こしに興味を持ち始めていたが，この日は，「やる」と言ってから一時間程，一度も火起こしをやめなかった。その様子に気付いたお泊り会火起こしチームのメンバーが，いつのまにか集まってきて，なおやの応援を始めた。「火種，出てこい！」と火種が出るまで手拍子をしながら唱え続ける子，板が動かないように抑える子，ずっと隣で様子を見守っていて，「塊（摩擦で焦げた木のクズが塊になっている状態）出てきたぞ！」「もう少しだ！」と励ます子。本気の応援であった。なおやも，その期待に応えるべく，火起こし器を動かし続けていた。疲れて一度手を止めても，もう一度始め，決してあきらめなかった。お泊り会前，火起こし器を手に取っては，すぐに

やめてしまっていたなおやとは，全く違う姿であり，応援する子どもたちも，なおやの本気の様子を感じ取り，お泊り会では一緒に火起こしチームになれなかったけれども，今度こそ一緒に火起こしを成功させたいという気持ちが感じられた。そして，とうとう火が起きた。疲れ切っているものの達成感に満ちた様子のなおやに，あまねが，「火起こし部（火起こしに夢中になっているメンバーは火起こし部と呼ばれ

ている），入るよな」と言い，なおやがうなずくと，あまねは大きな声で，「なおや，火起こし部入ったぞ！」と応援していたみんなに言った。なおやも，その日の帰りの集まりの時間に，「火起こし部，入りました」と誇らしそうに言っていた。子どもたちが火起こしに本気になるタイミングは，一人一人違っていた。そのタイミングを大切にすることで，本当に意味のある体験に繋がるのだと，なおやの姿を見て感じた。その後，なおやは様々な面で積極的な姿を見せるようになった。

●コメント●

 一人一人の「今」を認め合う「学びの土壌」

お泊まり会での火起こしチームを引き受けるか否かいう選択に直面し，「できなさそうだから辞める」と自分で判断したなおや。そのなおやの決断に対して，担任保育者たちは，なおやの判断を受け入れるべきか，挑戦するよう勧めるべきか迷っている。しかし，そもそもこの実践の目的，火起こしチームの思いを考え，迷いつつもなおやの選択をよしとする。それから，2か月の時間を経て，なおやが火起こし部に入る時がくる。

まさに，自ら選択し，自ら決断したなおや。それを歓迎する仲間と見守る保育者。なおやにとっての「今」を皆が認め合う関係がここにある。

なおやにとって，火起こしチーム及びけやき組は，文化的実践の共同体である。なおやが，自らの意思で参加し，共同体がなおやを受け入れ，正当に評価され，アイデンティティーを確立するプロセ

スは，レヴィンらのいう「状況に埋め込まれた学習」[2]そのものである。けやき組という共同体がまさに一人一人の「学びの土壌」となっていることをこの事例から確認することができる。　（磯部裕子）

● 火が起きること，その不思議

　子どもたちと，パンを焼いたり，ごはんを炊いたりするなど「実用的な火」にするためには，火を起こすだけでなく，火を大きくして保たなければならない。子どもたちは，この一連の仕事を「火の番」と呼んでいた。そして，火起こしに慣れた子は，火の番にはどんな手順が必要で，どんな条件が整っていなければならないかも感覚で覚えていった。どこまでなら火に向かって手を近づけても熱くないかが分かり，慣れた手つきで薪を焚べるようにもなった。

　火がどんな原理で燃え続けるのかに関心を抱く子も出てきた。本園で毎年行っている芋煮会（有志で保護者が，芋煮汁を作ってくれる。手伝いたい子は一緒に芋煮汁を作る。）の中で，他クラスの火の番を手伝っていたあきなりが，「どうして，（うちわで）扇ぐと火は大きくなるんだろうね」と言うと，ひなたが，「扇ぐと火が大きくなるのは，酸素を送っているからなんだよ」と言い，「酸素か木（薪）かどっちかが足りないと，火はおなかが空いちゃうんだよ」と言っていた。ひなたもあきなりと同じような疑問を抱き，家で父に聞き，教えてもらったとのことだった。ひなたが，火が燃え続ける原理に興味を持ち，自分から父に尋ねて

2　J・レイヴ，E・ウエンガー著　佐伯胖訳『状況に埋め込まれた学習－正統的周辺参加－』産業図書，1993

いたことを驚くと共に嬉しく思い，ひなたにクラスのみんなにも伝えて
もらうことにした。ひなたの話に「酸素ね！」「ザリガニも吸ってるも
んね」「見えないけど，みんなも吸ってるんだよね！」「火も吸ってるん
だね」などと他の子どもたちも関心を寄せていた。

●エピソード●

 酸素って何？ ―ザリガニはどうして死んでしまったのか―

　2学期が始まると，園では，毎年近くの川にザリガニ釣りに出か
けている。釣ってきたザリガニを飼っていたこともあったが，姉妹
園で，「アメリカザリガニは外来生物であり，生態系を変化させて
しまう」ことを学んだこともあり，けやき組の子どもたちと外来生
物について調べ，話し合った上で「アメリカザリガニを駆除する」
という目的でザリガニ釣りに行った。そこで 19 匹のザリガニが釣
れ，そのザリガニをどうやって駆除するのか話し合おうと思ってい
たのだが，土日を挟んで，18 匹が死んでしまうという事件が起き
た。その際，なぜ，そんなにたくさんのザリガニが死んでしまった
のかを話し合った時に，様々な意見が出た。「住んでいたところの
水と違った」「ケンカして疲れすぎた」「水がお湯になった」「川で
は隙間に隠れていたけど，水槽には隙間がなかった」などの意見が
出た後で，最後にゆうきが「酸素不足」と言ったので，「酸素って
何？」と保育者が聞いてみると，（酸素って何だろう？）という表
情をする子がいる一方で，「酸素は，人間も吸っている」「人間も酸
素がないと生きられない」「見えないけれども，みんなの周りにも

あるもの」などと，知っている子もいた。その知識をみんなで共有した。「ザリガニはどうやって酸素を吸っているのかな？」ということも話題になり，保育者も正確には分からなかったため，一緒に図鑑などで調べた。すると，ザリガニは基本的には水の中で酸素を取り入れているが，水の中の酸素が不足すると，体を傾けて水面からエラを空気に触れさせることで，空気中の酸素も取り入れていることが分かった。ザリガニが死んでしまった本当の理由は分からないものの，子どもたちの中では，バケツに水をたくさん入れていたため，空気中の酸素を取り入れることができなかったのかもしれないという結論に達した。その後も，クラスで飼っているアカハライモリを見ながら，「イモリはどうやって，酸素を吸ってるんだろうね」などと言う子がいて，一緒に図鑑で調べたりした。このことがあって，けやき組では「酸素」という言葉が身近なものとなっていたのである。

　いつも火の番をかって出ているひなたは，火の番隊長と呼ばれていた。11月の初め。パンを焼くことになっており，パン焼き窯を朝一番から温める必要があった。けれども，いつも子どもたちと一緒にこの役をしている担任の男性保育者が遅番であったため，他の担任保育者が子どもたちと一緒に行うことになっていた。しかしこの保育者は，手順

に自信が無かったため，その都度ひなたに尋ねた。保育者が，「次, 何が必要？」と聞くと，ひなた：「杉っぱ！（大変燃えやすい杉の葉）」保育者：「次は？」ひなた：「木の皮！（木のカンナくず）」保育者：「次は？」ひなた：「細い木（細い薪）」のように，ひなたは，的確に燃えやすいものから，長く燃えるものへと保育者に指示を出すのだ。火がだいぶ大きくなってきたところで，「次は何が必要？」と

保育者が聞くと，ひなたは「仲間！火の番ができる仲間が必要！」と言い，「おーい，火の番手伝ってー！」と，仲間に声をかけた。すると，「おー！」と，言って仲間が続々と集まって，順にうちわで火を扇ぎ，火はどんどん大きくなった。

　ひなたが，的確に火を大きくする術を知っていることにも驚かされたが，それだけ火のことをよく知っていて，実際にいつも火を守っているひなたが，最後に必要なものは，「仲間」であると言ったことには，さらに驚いた。火を扱うことは決してたやすいことではなく，ひなたは自分が一人で扱える範囲を理解していたのであろう。また，いつも一緒に火起こしをしている仲間を信頼し，一緒に行うことで充実感が増すことも感じていたのではないだろうか。火起こしによって子どもたちが得ているものは，決して知識や技術だけでなはないことを確信した。

● 仲間と共に育つ

　11月半ば，りおとひかりがペアで火起こしに挑戦していた。火起こし器を動かし始めてから，だいぶ長い時間が経っているが，止める気配

はなく，頑張っている。二人はこの時点で，まだ火を起こしたことがなかった。こんなに頑張っているのだから，火が起きてほしいと保育者たちは思ったが，昼食の時間になっても火は起きなかった。今回は諦めてしまうかもしれないとも思ったが，翌日も，りおとひかりのペアは，朝から火起こしに挑戦していた。それを見た他の子どもたちが，「これは本気だな」と感じたのか，集まってきて応援を始めた。毎回，こういう本気の挑戦者がいると集まってくるのだ。みんなの応援を受け，二人はこの日も長い時間頑張って，とうとう火を起こすことに成功した。周りで見ていた子どもたちも大喜びし，二人と抱き合ったり，肘タッチしたりして盛り上がっていた。

　その様子を見ていたあまねが，その後，誰に言うでもなく，「あれは，かっこよかったな……」とつぶやいていた。何度も自分で火起こしをしたことのあるあまねが，女の子２人の火起こしを見て，心から，「かっこいい」と言ったのである。あまねの言葉から，子どもたちが火起こしをする中で，火が起きたという結果だけでなく，火が起きるまであきらめずに頑張る過程に対しても面白味ややりがいを感じているのだと分かった。そうでなければ，これまで何度も火起こしに成功してきたあまねが，初めて成功した女子二人の姿を心からかっこいいと言うことはなかっただろう。

　そんなふうに，子どもたちは，毎日，火と共に過ごしてきた。そしてある日，園にある薪が底をついてしまった。保育者は，そうなることは織り込み済みであったが，子どもたちがそのことをどう受け止め，どう

考えるかを知りたかった。すると子どもたちは，大きく落胆したり慌てたりする様子はなく，「拾ってくればいいよ」と言った。保育者としては，「そんなに上手くいくのだろうか？」と思ったが，その後，違う目的で行った散歩先の神社の敷地内の森に，たくさんの枯れて折れた枝が落ちていた。子どもたちは，目を輝かせて「これ，燃やせるじゃん！」と言って，次々と薪になる枝を集めた。子どもたちは，次から次へと使えそうな薪を拾ってきて，山のように集め，満足そうにしていた。帰りは，子どもたち一人一人が両手いっぱいに薪を抱え，保育者はリュックにも詰められるだけ薪を詰め込み，園まで歩いた。子どもたちは，「腕がちぎれそう〜」などと言いながらも頑張って歩き，たくさんの薪を持ち帰った。

　子どもたちは，これまでも火が燃えるためには薪などの燃料が必要であることはもちろん分かっていたが，その燃料は無限ではないこと，なくなればどこからか調達してこなければならないことを肌で感じた一日でもあった。

　そして，2学期もあと少しという日。朝から，寒くなり，焚き火をするために火起こしが行われていた。その時，まだ火起こしに成功していないのは，かずひだけだった。かずひも惜しいところまではいったことがあるが，目の前で次々と成功者が出ると，やりづらくなったのか，止めてしまい，それからは火起こしからは遠ざかっていた。

　しかし，その日，火起こしの様子を近くで見つめるかずひの姿があった。（もしかして，やりたいのかな？）と思い，「かずひもやる？」と保育者が声を掛けると，部屋に戻ってしまった。（声を掛けなければ良かったかな……）と後悔しつつ，かずひが心を開いているゆうじんに，「ゆうじん，かずひに火起こししたいのか聞いてみてくれる？」と頼む

と，ゆうじんが，かずひを追いかけて行って「かずひ，一緒に火起こししよう」と言った。しかし，かずひは首を横に振った。それでも，さらにゆうじんは，「かずひが火起こしできたら，けやき全員火起こしでき  たってことなんだ。みんなかずひに火起こししてほしいって思ってる。ね，火起こし，しよう」と言った。すると，かずひが少し考えてから，「する」と言った。かずひは，これまで自分でこうと決めたらテコでも動かないところがあった。それがゆうじんの一言で気持ちが動いたことは保育者は心から嬉しかった。そしてせっかくかずひの気持ちが動いたのだから，是非とも挑戦してほしいと思った。けれども，かずひは注目されると恥ずかしがることがあったので，一気に応援団が来たら，尻込みしてしまうのではと思い，「みんなに見られていない方がいい？」と聞くと，かずひは，力強く「応援は，してほしい」と言った。

　そして，ゆうじんが，「かずひが火起こしするよ！みんな応援して！」と言うと，あちこちで遊んでいたけやきの子どもたちがどっと集まってきた。

　熱い応援の中，かずひとゆうじんで二人組になって火起こしが始まった。ずいぶん長いこと火起こし器を動かし，二人とも汗びっしょりになっても，まだ火は起きなかった。二人の火切り板を押さえていたあまねが，「ゆうじん，代わろうか？」と何度か声を掛けたが，ゆうじんは「大丈夫」と答えて火起こし器を動かし続けた。

　そして，ついに火が起きた。大喜びし，かずひに抱きつくけやきの子どもたち。もみくちゃにされながら，祝福を受けるかずひから少し離れ

て，ゆうじんが，汗だくで息を切らしてやりきった表情をしていた。すると，だいきがゆうじんのところに駆け寄り，「ゆうじん，ありがとう」と言った。これには，驚いた。かずひの火起こし成功は，けやき組みんなにとっての成功であったのだろう。だからこそ，だいきは，ゆうじんに，「ありがとう」と言ったのだろう。保育者は決してクラス全員が火起こしに成功しなければならないとは思っていなかった。これまで火起こしに取り組む過程や，様々な体験を通して，一人一人の体験は違っても自信をつけていることが感じられていたからだ。しかし，子どもたちは違ったのかもしれない。火起こしへの挑戦の成功という体験は，けやき組の子どもたち全員がなし遂げることに意味があり，35人全員でその喜びを分かち合いたい，そう思っていたのだろうか。保育者は，こんなにまで心から一つになれるけやき組の子どもたちに，尊敬の念さえ抱いた。

のちに，かずひの母から聞いた話だが，火起こしが成功した日の帰りの車の中で，かずひは，「今度はシングル，一人でやってみる。これは，ゆうじんと，せいちゃん（当初から火起こしに夢中になっていた友だち）が言ってくれたんだぁ。だから，やってみようと思うんだぁ」と嬉しそうに言ったそうだ。

かずひは，仲間の応援を力に替えて頑張り，その頑張りを仲間に認められたことが嬉しく，次も挑戦したいという気持ちまで湧き上がっていた。

子どもたちは，火起こしという共通の関心事を通して，切磋琢磨したり，思いを分かちあったり，支えあったりして，関係を深めてきた。そしてクラスの関係が成熟する中で，一人一人が自信をつけ，困難なことにも諦めずに立ち向かおうとする姿勢も培われていた。この変化は保育

者が教えたり，指導したりしたものではなく，子どもたち自身が行動し，感じ，考え，乗り越える中で起こった変化だった。

　また，子どもたちは火と共に生活することで，火からたくさんの恩恵を受け，自分たちにとってなくてはならないものであると実感すると共に，火を扱うことは自分たちの思い通りにはならないこともたくさん体験した。「火はどこからくるのだろう」と火の不思議さや面白さについても考えていた。このような火起こしを通して積み重ねてきた様々な体験が土台となり，３学期の子どもたちの生活は，保育者が予想だにしていなかった新たな展開を生むことになった。

●コメント●

 けやき組に育つ協同性

　「学びの共同体」，「協同的な学び」などという言葉が，「学び」というタームと共に，語られ，その意義について確認されるようになって久しい。文部科学省の令和３年答申教育課程部会における審議のまとめにおいても，「協働的な学び」について以下のとおり記載されている。（文部科学省の表記では，「協働的」と記されているためこのまま表記する）

　「探究的な学習や体験活動などを通じ，子供同士で，あるいは地域の方々をはじめ多様な他者と協働しながら，あらゆる他者を価値のある存在として尊重し，様々な社会的な変化を乗り越え，持続可能な社会の創り手となることができるよう，必要な資質・能力を育成する「協働的な学び」を充実することも重要である。」

けやき組の子どもたちの関係はまさに協同性に満ちている。

　火起こしに挑戦しているりおとひかりの「本気度」を見て，なぜか集まって応援を始める仲間たち。かずひを誘って火起こしに成功したゆうじん。そして誘ったゆうじんに「ありがとう」と声をかけるだいき。驚くほどに保育者の予想や見通しを超える子どもたちの関係構造は，単に偶然にも「同じ時間を過ごす同年齢のクラスメイト」という関係を超え，協同的に学びあう関係が育っている。保育者の本文中の以下の記述は，保育者自身がそれを実感し，確信したものであったといえる。

　保育者は，「子どもたちは，火起こしという共通の関心事を通して，切磋琢磨したり，思いを分かちあったり，支えあったりして，関係を深めてきた。そしてクラスの関係が成熟する中で，一人一人が自信をつけ，困難なことにも諦めずに立ち向かおうとする姿勢も培われていた。この変化は保育者が教えたり，指導したりしたものではなく，子どもたち自身が行動し，感じ，考え，乗り越える中で起こった変化だった。」（p.36）　　　　　　　　　　（磯部裕子）

3．「火起こしは，やっちゃダメ？」の問い

● 地球が熱くなる！

　2学期もあと残り少しという日。昼食時，保育者とがくが，同じちゃぶ台で食事をしていた時のことだった。がくが，食堂に飾ってある13年前のけやき組が描いた「みんながまもりたい地球」の絵を見ながら，「こういうところに行ってみたいなー」と呟いた。保育者は，卒園児が

後輩に伝えたかった豊かな自然の様子を描い
たその絵を見て，がくが「行ってみたい」と
言ったことに驚き，感心した。そして，卒園
児が絵のような地球を守りたいと考えたこ
とを伝えてみようと思い，「実は今，地球が
熱くなってきていて，こういうところは減っ
ちゃってるんだよね……」と言った。すると，

「みんながまもりたい地球」

「えー！そんなのやだ，どうして地球が熱くなっちゃうの？」とがくか
ら思いのほか強い反応が返ってきた。そこで，「電気とかね，エネルギー
をいっぱい使い過ぎて，地球がどんどん熱くなってしまって，北極の氷
が溶けて白くまが住めなくなったり，鳥や魚の住む水が熱くなって住め
なくなったりしてるんだよね」と保育者がその場で話せる限りで，地球
温暖化のことを説明した。それに対し，「それって，がくたちのせいかも。
火起こししちゃってるもん」とがくは保育者が予想もしていなかった返
答をした。がくは，「温暖化」という大きな問題を即座に自分事として
捉えた。保育者は驚き，一瞬返答に迷った。そして，保育者自身，火起
こしが温暖化の一因になっていないとは言い切れないと思った。そのた
め，「どうしようね……」と言うしかできなかった。

　このがくとの対話の内容を，すぐにけやき組のみんなに話した。がく
が，「火起こしをすると，地球が熱くなって，動物たちを苦しめてしま
う」と，一生懸命みんなに伝えると，子どもたちは，「え？　どうしよ
う……」と，大騒ぎになった。がくは，火起こしの熱が白くまの氷に伝
わるから熱くなるのでは？と解釈していたようだが，これまで火と共に
過ごしてきて，様々な経験をしてきたけやき組のこの子たちなら，温暖
化の原理を話しても理解できる子が多いと思い，保育者からみんなに，

「前に，火は酸素を食べているってひなたが教えてくれたけど，実は，酸素を食べた後，火が燃えると吐くものがあるんだ」と言うと，けんじが，「二酸化炭素！温暖化の元だよ！」と言った。けんじは，元々温暖化のことに興味を持っていて，どこかで聞いたことがあったようだ。他にも「二酸化炭素，知ってる（聞いたことある）」という子もいた。そして，簡単にではあるが，二酸化炭素は温暖化の原因となっていることを話した。それから，子どもたちは「火起こしはしたいのに」「パン自分たちで作るのって楽しいのに」「せっかく火起こし器をびわが持ってきてくれたのに」「せっかくペチカ直したのに（壊れてしまい，自分たちで修復していた）」「米粉パン作ろうって，米粉作ってるのに，無駄になっちゃう」と子どもたちは次々と発言した。

　火起こしと地球温暖化という狭間で悩むことになった子どもたち。これまで火起こしに夢中になり，火起こしを通して自信をつけてきた子どもたちだからこそ，火起こしをすることが温暖化につながっているかもしれないということに対して，非常に困惑していることが伝わってきた。保育者自身も，その後いろいろ調べてみたものの，火起こしがどのくらい温暖化につながるのかということが分からず，子どもたちと同じように悩むことになった。

　それから，子どもたちは，火起こしをやりたいけれど，やっていいのかという悩みを抱えながら，「どうしての時だけ……」と，遠慮がちに火起こしをするようになった。

　数日後，『はじまりはたき火』という絵本を，みんなで読んだ。本園では，冬休み前に，その年の子どもたちの興味に合わせた絵本を一人一人にプレゼントしており，この年はこの絵本をプレゼントすることに決めてい

た。絵本の中では，人間の火をめぐる歴史と共に，火から文明が発展し，燃料資源を使い過ぎて環境を害する様々な問題が起きていることが書かれている。

まつむらゆりこ作／小林マキ絵
福音館書店　2020

これを読んで子どもたちは「火が行ってきたことを今では電気が行っている」ということに注目し，

　「電気も火と同じなんだね」「電気もダメだ」

　「でも，電気なかったら暗くて何も見えない」

　「ごはんも炊けないじゃん。お風呂もじゃない？　何もできないじゃん」

　「とりあえずテレビはやめとこう」

　「え？新しいテレビ買ったばかりなのに。お母さんは辛いと思う」

　「じゃ，クリスマスツリーの光るのはやめたほういい。光らない飾りだけにする」

　「えー？光るのダメ……？？」などと，一人一人がいろいろなことを言っていた。

そして，全く方向性も見えないまま，子どもたちは冬休みに入った。

● **湧き出る疑問 ― 5歳児が向き合う地球温暖化問題 ―**

冬休み中に，保育者たちも，火起こしと温暖化について調べてみたが，実際にそれに関する文献等に出会うことはできなかった。しかし，火起こしは原始時代からしていたことであるが，温暖化の問題が起きているのは，最近のことである。そのことから，原始的な火起こしをしていた時代のエネルギーの使い方と，現代のような電気等でのエネルギーの使

い方では違いがあるはずだと予想がたった。また，『はじまりはたき火』
の最終ページに，「100万年前から現代までのエネルギー消費量のグラ
フ」があったため，これを子どもたちと一緒に見て，子どもたちがどう
感じるか聞いてみようということになった。

　3学期初日は，自分たちの火で起こした炭で雑煮用の餅を焼いた。し
かし，焼いた後には，子どもたちから「餅焼きでまた動物たちを苦しめ
ちゃったかもね」という意見が出た。
　その後，『はじまりはたき火』の最終ページにある100万年前から現
代までのエネルギー消費量のグラフを見せたところ，議論が活発に交わ
された。
　　「飛行機とか車とか，ガソリンをたくさん使うものができた時から
　　　二酸化炭素が増えているね」
　　「石油とかガスを燃料にするようになってから二酸化炭素が増えて
　　　いるよ」
　　「木材を燃料にしていた時は，そんなに二酸化炭素は出ていなかった」
　　「昔に戻った方がいい」

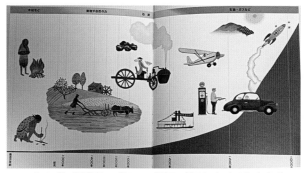

エネルギー消費量のグラフ（引用：『はじまりはたき火』）

「でも，もう飛行機とかできちゃってるんだから，鹿児島とか行き
　たいって人は飛行機なくなったら困るって言うよ」

「今から戻るのは無理だよね」

「じゃあ，ずっと動物を苦しめてていいの？」

「それはダメだよね……」

　子どもたちは，絵本の時間（本園では，降園前の1時間ほどを絵本の
時間として集まり，みんなで絵本を読んでいる）以外の時間にも，自主
的に絵本にかぶりつくようにグラフをじっと見て，意見を交わしていた。

「ここが元。1950年。車作ったところだよ」

「昔は自然だけで暮らしてたから良かったけど，人間が機械とかを
　作ったから，それから二酸化炭素増えたんじゃない？」

「昔に戻さないと」

「でも，そしたら，わたしは家が遠くて車でしか来れないんだから，
　みどりの森に来れなくなる」

「一気にここ（原始人）には戻れないよ」

「せめてここら辺には戻したい（グラフを指さして）」

「どこら辺に戻すか決めよう」

　このように，温暖化問題について，それから毎日，子どもたちの方か
ら話題があがった。

　こんなにも，子どもたちが温暖化
のことを自分事として捉えていたの
は，自分たちが夢中になってきた火
起こしが，温暖化の原因になってい
るかもしれないという自分事として
の課題に直面したからはないだろう

44

か。子どもたちの話を聞いていると，正直，5歳児がここまで考えられるのだと驚くと同時に，むしろ，私たち大人が子どもたちの声に耳を傾けなくてはならないのではないか，と思わされた。

● 救世主の「木」

　数日後，ゆうひが「木が二酸化炭素を吸ってくれてるんだけど，年をとると吸わなくなるから，切って木材にするっていうニュースを見たんだ」と言い，かんたも「ぼくも見た！」と言って二人で「木の大切さ」という題で絵に描いてみんなに発表した。

　「木は成長する時に二酸化炭素を吸ってくれる」

　「だから，木を大切にしなくちゃいけない」

　「でも，年を取った木は二酸化炭素を吸わなくなるから，切って木材などにする」

　「切ってばかりだと，木がなくなっちゃうから，定期的に新しい木を植える」

というものだった。

　この時，初めて二酸化炭素を出すものだけではなく，吸ってくれるものがあることを知った子どもたちは，興奮気味で「木ってすごいんだ」「木を植えたい」と話していた。

　さらに，木の存在に関心が出てきた子どもたちは，木についても本で調べたり，家族に聞いてきたりするようになった。「お兄ちゃんが，木も夜は二酸化炭素を吸わないって言ってたよ」と言ったり，「二酸化

「木の大切さ」を説明した際の絵

炭素は，緑のところでしか吸わないんだってよ」「じゃあ，木の葉っぱだけが二酸化炭素を吸うのか」などと，最終的には光合成の原理も理解していった。

　子どもたちの間で活発に地球温暖化のことが話題になっている一方，保育者たち自身が温暖化の問題に対し，知識が足りないと感じ始めていた。火起こしと温暖化の問題についても，保育者間での答えが出ていない状態であった。そこで，子どもたちが，「木」という存在に注目したことから，姉妹園のやかまし村を建築した工務店の白鳥さんが，環境問題，特に木材や森林などの分野に詳しいということで，疑問に思っていることを聞いてみようということになった。まずは，保育者が，白鳥さんから話を伺う機会を持った。

　白鳥さんに，私たちの一番の疑問であった「これまで子どもたちが取り組んできた火起こしは，温暖化を進めてしまうのか？」ということをまず質問した。すると，「自分たちの手で，木材を燃やすことは，温暖化を促すことにはなりません」と言って頂いた。なぜなら，「木は，その成長過程で，地球上に存在している二酸化炭素を吸って溜め込んでいる。燃やした際に出る二酸化炭素は，その溜め込んでいた二酸化炭素であり，元々地球上に存在していたものだから，プラスマイナスゼロで，温暖化に加担しない」とのことだった。この二酸化炭素の排出量と吸収量がプラスマイナスゼロの状態を「カーボンニュートラル」といい，世界が目指していることだと教えて頂いた。

　このことは，本当に嬉しいことだった。そのことを早速，翌日，子どもたちに伝えると，子どもたちの表情がパッと明るくなり，「よっしゃー，やったー，火起こしできる！」と喜んだ。しかし，すぐに「でも……二

酸化炭素はまだいっぱい出てるんだよね……」と，また同じ問題に戻っていったのであった。

けやき組の子どもたちにとって，火起こしは温暖化につながらないということを知ったことは本当に嬉しいことだった。しかし，すでに地球温暖化のことを知ってしまっている子どもたちは，そのことで地球温暖化の問題が解決したわけではないと言って，考えることをやめなかった。むしろ，その後子どもたちの温暖化について考える熱意は強まり，白鳥さんから保育者が聞いた「カーボンニュートラル」など，子どもには難しいのでは？と思うようなことにも興味を抱いて話題にするようになった。

ある日は，燃料のことが話題になっていたので，保育者が「けやき組のストーブは何で燃えている？」と聞いてみると，

「家のストーブが石油だから，石油？」と，子どもたち。すると，「じゃあ，ペレットストーブに交換した方がいいよね」という意見がでた。

本園のホールにはペレットストーブがある。ペレットは木材の端材を破砕し，圧縮成形したものであることから，燃料として地球に優しいということを考えての子どもたちの意見だったのだ。これまで特にペレットストーブのことを話題にしたわけではなかったが，子どもたちはペレットストーブの存在を知っており，この場で意見として出てきたことには驚かされた。

翌日，けんじが，自ら「けやき組のストーブを，ペレットストーブにした方がいいと思うんだけど」と，園長に話しに行った。そして，園長からペレットストーブのカタログをもらって戻ってきた。カタログを熟読するけんじ。「けやき組の部屋は40畳って聞いたから，この35万円

のペレットストーブが良さそう！」
などと興奮気味で，園長に相談して
いた。早速，園長が，ペレットストー
ブをけやき組の部屋に設置できる
か，白鳥さんに相談し，なんとその
日のうちに白鳥さんがけやき組の
部屋を見に来てくれた。（下見の結

設置されたペレットストーブ

果，この年度のけやき組が卒園する前にと，急いでペレットストーブを
設置してもらうことが決まり，2月21日に石油ストーブに代わり，ペ
レットストーブがけやき組の部屋に設置された）この時，直接けやき組
の子どもたちも，白鳥さんから話を聞くことができた。

白鳥さんから教えて頂いたことは，以下のようなことがあった。
- けやき組のみんながしているような，自分の手で木を燃やす火起こしは，木が成長する過程で溜めた二酸化炭素しか出さないので，温暖化の原因にはならない
- 木材は，持続可能な資源（バイオマス燃料という）。切って使ったら，定期的に植えていくことで，持続的に使える。これからも，火を起こす時に，木材を燃料にして行ってほしい
- 自分たちがしている火起こしが温暖化につながっているのでは？と予想したり考えたりすることは，素晴らしいこと
- 知ったこと，考えたことを年下の子にも伝えてほしい
- 便利さだけを追い求めるのではなく，今のみんなのように，自分の手や体で作り出していく喜びを感じてほしい
- 外国から木材を運ぶと，船を使うので，そこで二酸化炭素がたくさ

ん出る。日本の木材を使ってほ
しい

●日本には，固有種である杉とい
う素晴らしい木がある。杉の学
名は，クリプトメリア　ヤポニ
カといい，隠された日本の財宝

という意味である。けれども，最近は，森林の手入れをする人が減っ
てしまっていて，森が荒れてしまっている。昔は，落ちた枝を燃料
にするために，みんな森に入って拾っていた。それが森の手入れに
なっていた

　難しい話ではあったが，自分たちが調べていたことや考えていたこと，
実際に経験してきたことと重なる部分も多く，子どもたちは頷きながら，
真剣な眼差しで聞いていた。

　白鳥さんの話を聞いてからも，話し合いは毎日続いていた。子どもた
ちは，具体的にどんなことが自分たちにできるのかを考え始めた。

　例えば，

●体を鍛えて，できるだけ歩いて車とか使わないようにしよう！

●松尾芭蕉は昔歩いて旅をした。旅も飛行機でビュンと行ってしまっ
ては気付けないことに，歩いて行くことで自然の美しさなどに気付
ける

●早く寝ることで電気を早く消せる。コンビニはなんでずっとやって
るんだろう

●ボールに穴が開いても，ほかの使い道を考える。鳥のエサ入れとか
にできるんじゃない？

　などと，ホワイトボードに図解したりしながら，熱く語る子どもたちだった。

　また，家庭で新聞記事や本で調べてきたことをみんなに教える子もたくさんいた。

　ゆうひは，お菓子の箱を持ってきて，「また温暖化の話でごめんなさい……」と前置きしたうえで，お菓子箱の後ろに書いてある「エコレールマーク」というものを指さし，「これはエコレールマークと言ってね，このお菓子を工場から，トラックで運ぶよりも，貨物列車で運ぶ方が，二酸化炭素の排出を13分の1に減らせるんですよ〜。だから，みんなもこのエコレールマークのついているお菓子を選んで食べてください」と話していた。

　せいたは，新聞記事を切り抜いたものをたくさん持ってきた。「牛のゲップが二酸化炭素よりも温暖化になるメタンガスを発生させるから，メタンガスがあんまり出ないような餌を開発してるんだって」や，「服一着を作って捨てると CO_2 が27キロ排出されるって書いてあるよ」などとみんなに説明していた。せいたの母から「家でも CO_2 っていう文字を見つけると，何て書いてあるの？ってすごいんです」と教えていただいた。

　子どもたちは，火起こしのことが解決してからも，毎日毎日，地球温暖化のことを考え続けていた。そして子どもたちの考えることは，大人の私たちがハッとさせられることばかりであった。この頃からはもう，保育者は子どもたちの後を必死で置いて行かれないようについていっている……そんな感覚があった。

●コメント●

 「知りたい」「わかりたい」は，「学び」の源

　二酸化炭素を出すものだけでなく，その二酸化炭素を吸収するものを知った子どもたちは，木に関心を持ち，「カーボンニュートラル」「エコレールマーク」「牛のゲップの二酸化炭素」「洋服の制作と廃棄による二酸化炭素の排出量」と次々に関心を深めていく。子どものたちのこうした知識は，5歳児には一見「難しいこと」のように思えるが，決してそうではない。学校で学ぶ学習内容は，いわゆる発達段階にふさわしいと定められた内容を学年ごとに並べ，そこに示された知や技術を順に内在化していくことを目的としている。よって，定められた学習内容を基準に知のレベルを「容易なものから難解なものへ」と判断することも可能であるが，彼らが今「わかってきたこと」は，そうした学校知とは異なる，彼らの生活の文脈に即した知（実践知）である。

　「容易」，「難解」という基準ではなく，もっと「知りたい」「わかりたい」という彼らの思いの先に湧き出る知，「正統的」に参加し，得ていく知である。学びの意味は，ここにある。留まることのない子どもたちの関心の深まりに対して，保育者自身が「この頃からはもう，保育者は子どもたちの後を必死で置いて行かれないようについていっている……そんな感覚があった」（p.49）と記している。保育者は「教授する存在」や「援助する存在」からこの学びの共同体の一メンバーにさえなっている。まさに，ここに主体的な学びの

関係構造をみることができる。　　　　　　　　（磯部裕子）

●エピソード●

 戦争をしない。絶対に！

　けやき組の部屋に『絵で見る日本の歴史』（西村繁男作　福音館書店　1985）という日本の古代から，現代までの日本の風景が絵だけで表されている絵本がある。子どもたちはこの絵本をよく見ていた。そして，二酸化炭素がどのあたりから増えているのかに特に注目している様子であった。ページを開きながら，「あ，火起こししてるね」「このあたりから，電車みたいなものが出てきてるね。明治か〜」「江戸時代はいいね〜」などと言い合いながら，みんなで見ていた。しかし，あるページで子どもたちは手を止めた。「これって何？　火事？」と子どもたちが言ったそのページは戦争の様子を描いたページだった。「これはね，戦争だよ」と保育者が言うと，「え？　これはダメだ」「家が燃えてるよ」「何もならないのに，二酸化炭素がいっぱいでてる」「これだけは，絶対ダメ」「戦争は絶対ダメだと思う」子どもたちは，口々に言っていた。その後，子どもたちは，のちに作ることになった温暖化カルタの中で，「戦争をしない。絶対に！」というメッセージを残した。

●コメント●

 「戦争をしない。絶対に！」という覚悟

　子どもたちのこの対話が繰り返されていたのは，ロシアのウクライナへの侵攻が始まる以前のことである。「何もならないのに，二酸化炭素がいっぱいでてる」「これだけは，絶対ダメ」「戦争は絶対ダメだと思う」という5歳児の言葉と彼らの確信に満ちた宣言を，大人たちは受け止めなければならない。「絶対に！」という言葉が，こんなにも重い言葉であることを，今更ながら実感する。

　「戦争は二度としない」「核兵器は二度と使用しない」と世界中の大人たちは，何度言葉にしただろう。大人たちが繰り返す過ちの一番の被害者は子どもたちである。そう，戦争は，何にもならないのだ。

　ロシアのウクライナ侵攻の終わりが見えない中，今世界中で「持続可能な社会の実現」を謳い，その実現に向けた様々な取り組みが進められている。私たちは，これからを生きる子どもたちにいったいどのような社会を残そうとしているのか。「戦争はしない。絶対に！」と確認し合い，「まさに持続可能だ！」とせいたのニュースを称賛する子どもたち（p.53のエピソード）を前に，今，大人たちこそその「覚悟」が問われている。　　　　　　　（磯部裕子）

4．自分たちにできること ― 持続可能な社会づくりはここから ―

　子どもたちの思いが，日に日に大きくなっていく頃のエピソードを紹介する。

●エピソード●

 まさに持続可能だ！

　けやき組では，一日の終わりに「ニュースの時間」という，その日あったことや，みんなに知らせたいことを発表する時間を取っていた。その中で，せいたが，「ぼくは，げん（小学６年生の兄）から，ランドセルをもらいます！」と誇らしそうに発表した。すると，聞いていた子どもたちの中から，「それって，すごい！まさに持続可能だ！」という言葉があがり，「うわ〜，ほんとだ！すごい！」とみんなが歓声をあげ，大きな拍手をしだした。

　もうすぐ１年生になるけやき組の子どもたちは，よくニュースの時間に，「昨日，ランドセルが届きました」や，「おじいちゃんにランドセルを買ってもらいました」のようなニュースを発表していたが，せいたのこのニュースは今までのどのニュースよりも，称賛されていた。

 自分たちの世代で森を手入れしよう

　毎年，けやき組は園からバスで40分ほどの距離にあるサイカチ沼という森に年２回，探検に出かける。今年度の２回目の探検は３月であった。森を探検しながら，子どもたちはこれまで知ったこと，

考えてきたことを通して，様々なことに気付き，言葉にしていた。「木があると，二酸化炭素を吸ってくれてるって思うと，なんか安心するよね」と言ったり，「これは杉の木だよ」と保育者が言うと，「これが日本の財宝かぁ」と惚れ惚れと見上げていたりした。

　さらに，倒木が多く見られると，「手入れをする人がいないからだよなぁ」と心配そうに言っていた。けんじは，「年をとった人だけが手入れをしてもダメなんだ。次に教える人がいないとね」と言い，りくが，「世代を変えないといけないのかな」と言うと，けんじが，「わかった！　全国の幼稚園で近くの森を管理すればいいんじゃないかな！」と言い，りくも「それはいいね！」とうなずいていた。

 ## どんぐりの時は，何も知らないでのんきに遊んでた

　もうすぐ卒園というある日，「あのね，思ってることがあるんだ」と，ららが言った。「何を思ってるの？」と保育者が聞くと，「ららたち，どんぐり（年中）の時は，温暖化のこと，何にも知らないで，のんきに遊んでたでしょ。もっと早く温暖化のこと知っていたら，もう少し二酸化炭素を減らせてたかもしれないよね」この言葉を聞いて，私たちは，ららたちよりもずっと長く生き，限りある資源を消費し続けてきたにも関わらず，そこで出た問題をこの子どもたちに背負わせているのではないか，子どもたちが，こんなにも真剣にこのことを考えているのに，私たち大人はどうであろうか……，考えずにはいられなかった。

● 温暖化カルタを作ろう！

　白鳥さんが，みんなが考えたことを年下の子にも教えてほしいとおっしゃっていたことから，年中さんたちに教えなくてはいけないが，どんな形で教えるかということが話題になった。そして，子どもたちから，カルタを作ろうという意見が出た。

　すると，次から次と子どもたちから伝えたい言葉が出てきた。子どもたちが呟いた言葉を，「それ，すごくいいね！　もう一度言ってくれる？」と保育者が一生懸命書き留めた。文章にするにあたって，伝わりにくいと思われることは「それって○○っていう意味？」と聞き返したこともあったが，保育者から，何かを教えたり，アドバイスするようなことは一度もなく，カルタの読み札は，すべて子どもたちから出された言葉で，できあがった。

　読み札がある程度できあがったところで，子どもたちは「カルタが大きい方がどんぐりさん（年中組）によく見えるよね」と言い，8つ切りサイズの厚紙に一枚ずつ読み札に合わせた絵を描くことになった。作りたい子から始めたが，「わたしもやりたい」「ぼくもやりたい」と次々集まってくるほど，どの子も意欲的であった。そして，「描きたい読み札を決めて分担しよう」ということになり，全員がカルタづくりを手掛けた。絵の構図も子どもたちで考え，迷うと『はじまりはたき火』の本見てみよう」「日本の歴史の本の中にあったはず」と言って，参考になる本などを探し，伝えたいことが伝わるように考えて描いていた。以下は，子どもたちが作った温暖化カルタの読み札である。

56

●温暖化カルタ●

ひ 起こしは，ボタンで起きても，うれしくない

ひ 起こしは，やってもいいんだ　もともと
地球にあったから（二酸化炭素が）

も くざいは，地球にやさしい
バイオマス燃料

バ イオマス，水力，風力，地熱，
太陽光，ふやそう，再生可能エネルギー

パ レットを使おう　灯油石油を使わずに

き を植えよう　二酸化炭素を吸ってくれるよ

ふ るい木を切って，新しい種を植えよう

か くされた，日本の財宝，杉使おう

が いこくの木を運ぶとき，
二酸化炭素がでちゃうんだ

に ほんの食べ物　もっとたくさん生み出そう

こ くさんやさい　たくさん食べよう
パクパクと

す ききらいしないで食べよう
食べ物を捨てたら，二酸化炭素

は やく寝よう，電気も早く消せるんだ

つ かわない時は，消してね，電気

よ る遅くまで，電気をつけてもいいのは，
おおみそかだけ

こ われても，他の使い道，探そうね

ラ ルンブルン　車は出すよ，二酸化炭素

き っとできる　よいこは歩こう　近くなら

あ るいてすすもう　旅するぼくたち，飛行機使わず

は しっていこう　どこまでも

こ れ以上　増やさないでね　二酸化炭素

か いこくの物が，混じってきた明治時代

こ うじょうで，煙もくもく，やめてよね

せ んそうの後，急に増えたよ　二酸化炭素

せ んそうをしない　絶対に

む かし，人は火を怖がっていた

　　今，人は火の大切さを忘れてしまった

い っぽずつ，いっぽずつ，戻っていこう

　　江戸時代

よ くばっちゃいけない　よくばるから

　　温暖化

ふ く一着，CO2 排出　27 キロ

べ んりでなくてもいい

　　ごはんを食べたり，お風呂に入ったり，

　　楽しく遊ぶ　それが暮らしやすさ

お となにも　温暖化のこと　伝えよう

お んだんか　考えることが，一番大事

　　考えないと始まらない

し かたない　言っていると，地球は，滅びちゃう

ひ とりの力は小さい　でも一人一人の力を集めよう

ひ ろめよう　世界中に　温暖化のことを

子どもたちの作った35のカルタには，大変考えさせられた。大人が目を背けてしまっていることにも，子どもたちは，真正面から向き合い，「このままではいけない」とはっきりと認め，これから向かうべきところを示そうとした。私たちは，子どもたちから学ぶことばかりであった。

● 伝えたい思い ─ 映画作り ─

カルタの内容が，「二酸化炭素」「バイオマス燃料」など難しい内容も増えてくるにつれ，子どもたちから「カルタだけでは，どんぐりさん（年中組）には難しいかもしれないね」という意見が出た。「じゃあ，どうすればいいのかな？」と保育者が聞いたところ，「人形劇にする！」というアイディアが出たものの，「でも人形を今からたくさん作らないといけない，カルタ作りもあるし時間がないかも……」と心配する意見も出た。すると，「じゃあ，実写版にすれば！？」という意見が出て，「そうだよ，自分たちで映画を作ろう！」ということになり，「いいね」と盛り上がる子どもたちであった。

そこからは，映画のアイディアが溢れ出して止まらない子どもたちだった。「動物とか海の生き物が，暑いよーって苦しむの」「そしたら，車がブーンて通るのは？」「そこに，二酸化炭素警察が来て，そこの車止まりなさーい！って（ジェスチャー付き）」「つむぎは，警察なりたいしね！」「え？私も警察やりた～い！」と，そんな様子でセリフから登場人物から配役，衣装，その他のアイディアが次々と出た。保育者は，

感心しながらただただ書き留める作業を続けた。

　あっという間に台本ができあがった。配役も台本の時点で「この子が
いいよね！」と推薦されていた子，「この役やりたい！」と自分で立候
補した子といたため，すぐに決まった。

　早速，実際に映画を劇の形でやってみることになった。博士役のゆう
ひとけんじに台本を渡していたのだが，本を読むことが好きな二人は，
台本に沿って「はい，次，警察どうぞ〜」のように，劇を進行させる役
となっていた。また，各役ごとにリーダーのような役の子が自然とでき，
それぞれ声を掛け合って劇が進んでいった。

　下記は，映画の台本を抜粋したものである。

● 温暖化映画 ●

〈第1部〉
車に乗る人たち：ブルン　ブルン……（車に乗って走り去る）
ねこ：「熱いにゃ〜」　鳥：「熱いピー」
タコ：「熱いタコ」　白くま：「熱いクマ」（動物たち，倒れる）
博士：「動物たちが苦しんでいるのは，車とかから二酸化炭素がいっ
　　　ぱいでて，地球が熱くなっているからじゃ。それを地球温暖化
　　　と言うのじゃ」
二酸化炭素警察：「わたしたち，ぼくたちは二酸化炭素警察だ」
　　　　「二酸化炭素を出しているのは，誰だ！」
車に乗る人たち：（また車で走ってくる）
二酸化炭素警察：ピーッ！（笛を吹く）「そこの車止まりなさい。ど
　　　こまで行くんですか」

車に乗る人たち：「２キロ以内です」

二酸化炭素警察：「それなら，歩きなさい」

車に乗る人たち：「は～い」しばらく歩く。「は～，疲れたな。もっと体を鍛えよう」

車に乗る人たち：（腕立て伏せをする）「よ～し，これで，たくさん歩けるぞ」（マッチョポーズをする）

〈第２部〉　服を簡単に捨てる人たちが登場

〈第３部〉　夜更かしをする人たちが登場

〈第４部〉

博士：「みなさん，実は，二酸化炭素を吸ってくれるものがあるのじゃ」「それは，木じゃ～！」「木は宝じゃ」

木を植える人：（木の苗を持って登場）「おじいさんの木を切って，新しい木を植えよう」（木を植える）

〈第５部〉　地球温暖化カルタを一人一枚発表する

　地球温暖化の映画を作ろうということになって，台本作りから，配役，実際に演じるまで，子どもたちは自分たちでどんどん進めていった。それはなぜだろうと考えた時，子どもたちは，自分たちが真剣に考えてきた地球温暖化のことを，年下の子どもたちに伝えなくてはならないという，明確な目的があったからだと思わずにはいられなかった。

　この年のけやき組の子どもたちは，前述したように，人前に出ることを恥ずかしがって嫌がることが多かった。そのため保育者は，年下の子どもたちに伝える方法も，劇のような形は自分たちでは選択しないので

はないかと予想していた。しかし，子どもたちは，全員一致で映画を作ることに決め，しかも全員が堂々と演じきった。さらに，最後のカルタも，始めは数人ずつ読んでいたのだが，カルタの枚数が増えるにつれ，「一人一人読もう」という意見が出され，全員が，「大丈夫，できる」と言って，発表した。それほどまでに，「温暖化のことを伝える」ことは，けやき組の子どもたちにとって，強い使命となっていた。

そして，最後に子どもたちは卒園式の中でも「考えたこと」と題して，自分たちが作った地球温暖化カルタを発表した。発表の最後には，「わたしたちは，これからも温暖化のことを考え続ける。みんなも温暖化のことを考えてほしい」とまっすぐに前を向いて言った。

子どもたちが，地球温暖化の問題を考える時，自分たちで火を起こし，火を使って過ごしてきた日々で感じたことが，非常に大きな意味を持っていたと思われる。子どもたちは，自分たちの手で何かを生み出すやりがい，身近な自然や仲間と触れ合いながら暮らす日々の中にこそ価値があるということ，火や木などの自然に対し畏敬の念を持ち，自分たちが自然の中で生かされているということ，一人の力は小さいが，仲間

と心を通わせ，本当の意味で一つになることで大きな力となることなどを，火と過ごした日々の中で，感覚的に学んできたように思う。

　だからこそ，子どもたちの地球温暖化問題に対する考えは，単に頭で知った知識ということではなく，心と体で「わかったこと」だったに違いない。そして，子どもたちは最後に「わたしたちは，これからも温暖化のことを考え続ける」と言った。地球温暖化という容易に答えの出ない問題に対し，考えることを諦めない子どもたちの強い熱意が感じられた。

● ここから未来へ

　子どもたちは卒園したが，その年の６月，卒園した元けやき組の子どもたちが日曜日に集まり，園で所有する森の一部に植樹を行った。ペレットストーブを設置してくださった株式会社「くりこまくんえん」さんと白鳥さんにお願いし，植樹の仕方をレクチャーして頂いた。子どもたちは，木が二酸化炭素を吸ってくれる存在であると知ってから，しきりに「木を植えたい」と言っていた。また，温暖化映画も，木を植えるところで終わっている。実際に木を植えることができたことで，けやき組のこのプロジェクトのひとつの区切りとなった。しかし，子どもたちが植えた杉の木はこれから定期的に手

植樹する子どもたち

入れをし，成長を見守っていかなくてはならない。そう考えると，植樹
をしたことで，次の物語が始まったとも言えるだろう。子どもたちは，
私たちの手を離れ，それぞれの小学校に進学し，それぞれの道を歩くこ
とになったが，この杉の木の手入れのために定期的に集まり，地球の未
来について語り合いたいと考えている。

　４月当初は「自信が無い」「失敗を恐れる」等の姿が課題として目立ち，
保育者が自信を持たせたいと火起こしを始めたことから，「火」に向き
合い続ける一年となった。子どもたちは主体的に「火」と関わり，そし
て火と共に過ごし続けたことから，地球温暖化に向き合うこととなった。
そこから，本気で地球について考え，カーボンニュートラルについても
懸命に考えた子どもたちであった。

　地球温暖化という地球規模の「葛藤」がクラス全体の自分事となった
ことで，子どもたちの中にさらなる「葛藤」が呼び起こされ，その葛藤
を乗り越えようとした時に「地球温暖化を防ぎたい」というクラス共通
の課題を解決しようという強い思いが生まれた。結論は出るに至らない
が，彼らなりに「木を植える」という方法で，その葛藤を乗り越えよう
とした。彼らが生きる未来は，まさに難題の連続に違いない。これから
直面するであろう様々な地球規模の課題に対しても，力強く未来を切り
開いていってほしいと，担任として心から願っている。

Ⅳ　学びあい育ちあう実践と保育の質

　子どもたちの火起こしの体験は，地球温暖化カルタ作りと映画作り，そして最後に，二酸化炭素を吸収する救世主としての木を植えるという活動で，プロジェクトとして一応終結をする。「一応」と書いたのは，担任が最後に記録しているように，彼らは時々集まって，今後も自分たちの手で植樹した木々の様子を見守り，語り合う生活を続けるだろうからである。その意味で，このプロジェクトは，形を変え，場所を変え，子どもたちの手にわたってからも続いていくことになる。

　年度当初，年長組としての物足りなさを感じていた担任の保育者三人は，年度末に見せた子どもたちのこの姿を予想だにしなかったろう。この子どもたちの姿は，保育者の「一人一人が自信をもって生活してほしい」という願いの下，迷いつつ，悩みつつ子どもと共に実践を重ねていくことでたどり着いた姿であると言ってもよい。

　「主体的な保育」の実践を目指す本園には，１年間の保育内容を具体的に記載し，並列したいわゆる「保育指導計画」は存在しない。だからと言って，「主体的」という名のもとに，すべてを子どもたちに委ねた遊びを展開しているわけでもない。子どもたちの興味や関心の芽生えを逃さず捉え，十分に検討された教材研究と環境構成のもとに，子どもの遊びや体験を深めている。これを実現するための「計画」は，むしろ保育者の中に緻密にあると言ってもよい。

　これまでの保育の計画は，保育者が年度始め（あるいは月や週の始め）に，いわゆる「発達段階」や，「例年の子どもの姿」を根拠に，年間の遊びや教材を確定させ，それを「計画」としがちであった。しかし，本園での計画は，子どもの姿を先取りして保育者が決めた保育内容の計画

ではなく、子どもの姿を観つつ、子どもの声から興味や関心の深まりを見定め、学びの方向性を確認したうえで子どもと共に選択していく、という構造になっている。したがって、遊びそのものが単発ではなく、「昨日のつづき」の遊びが継続し、子どもたちの「学びの芽」があちこちに見いだされ、保育者は、その学びの芽生えを探りつつ、さらに深い学びの世界への広がりを見通し、環境構成と教材研究によって、これを支えていく。

　本園では、この遊びの展開を「プロジェクト」として、実践している。この実践づくりの方向性は、レッジョ・エミリアのプロジェッタツィオーネ（プロジェクト活動）[3]と共通する。レッジョ・エミリアのプロジェクト活動と異なる点は、クラスという共同体としての実践を最終的な目的としている点である。日本の保育は、クラス単位の活動が重要視されてきた歴史がある。クラスみんなで統一的・画一的な保育をし、皆が同じ活動をすることをよしとしてきた。いわゆる一斉教授的な保育でないとしても、「等しく」同じ活動や体験をすることが、平等性と捉えられてきた。個々の学びの内容は、活動内容とイコールではない。同じものを作る、同じダンスをする、同じ競技に参加することが、平等なのではなく、等しく学びの機会があり、一人一人がそれぞれの良さを等しく生かし、それぞれのアイデンティティを共同体の中で、確認し合う機会があること、「あなたがいたからよかった」という体験を皆で確認し合い、「私でいることに誇りを持つ」実践が、共同体の中で実現することに意味が

3　森は、レッジョ・エミリアの「プロジェッタツィオーネ」について次のように解説している。「子どもがモノやコトについて面白い、不思議だと思っている様子を教師が見逃さず聴き逃さずきちんと受け止めて、子どもと話し合うことから、様々な表現や探究活動へと発展するのが特徴です。子どももおとなも主人公として携わっている、貢献しあってると実感する民主的で協同的な実践なのです」森真理『レッジョ・エミリアからのおくりもの～子どもが真ん中にある乳幼児教育～』フレーベル館　2013　p.53

ある。クラスという単位は，偶然にも集まった同年齢集団でしかない。しかし，一年間同じクラスで生活する子どもたちにとって，クラスが単なる同年齢集団を超えた協同的実践を実現できる共同体になるのであれば，そこに「クラス」としての意味が生まれる。表1（p.70）の「保育内容の特色」に記されている「園のプロジェクトの中で起こる協同の学びの実現こそ小学校へのアプローチカリキュラムと同意であると考えている」とは，このことを意味している。

けやき組という共同体において，子どもと保育者は，学びあい，育ちあう存在となっている。そこには保育者が教授し，子どもが教授されるという一方向的な関係ではなく，共同体を構成する者同士が互いに「対話しあう（双方向の）関係」がある。この関係があってこそ，実践のプロセスが次第により豊かなものへと変容していると言えるであろう。編者はこの関係性の中で生まれる学びの物語が，保育の質を方向付けるものなのではないかと考えている。

これまでも，保育におけるプロセスへの着目は，多くの先駆的な実践の中でも記されてきた。昨今，このプロセスを記録し，評価する方法についても，様々な研究が積み上げられている[4]。保育の質を問うことが大きな命題となっている今，保育のプロセスをどのように捉えていくかという検証は欠かせない。本書の中では，その詳細を分析するには至っていないが，本書に続くシリーズの中で，子どもと保育者が創り出す実践の物語にある意味を読み解きながら，それらを明らかにしていきたい。

---

4 I・シラージ，D・キングストン，E・メルウィッシュ 著，秋田喜代美，淀川裕美 訳『「保育プロセスの質」評価スケール―乳幼児期の「ともに考え，深めつづけること」と「情緒的な安定・安心」を捉えるために』明石書店　2016
秋田喜代美，松本理寿輝 監修，東京大学大学院教育学研究科附属発達保育実践政策学センター，まちの保育園・こども園 編著『保育の質を高めるドキュメンテーション：園の物語りの探究』中央法規　2021

Ⅴ　おわりに

　1年間のけやき組の子どもたちと保育者の生活を綴ったこの記録は，「保育における遊びとは何か」「主体的な生活とは何か」「遊びを通して学ぶとは何か」という困難な問いに対して一筋の光を示しているように思う。今は，偶然にも「研究者」という立場にある筆者にとって，これらのテーマはかつて実践者であったときから，常に問い続けてきたテーマでもあるが，恥ずかしながら未だ「これだ！」という明確なものをつかむ段階に至っていない。しかし，この実践記録を通して，保育という実践の中にあって幾重にも絡みあっている保育の難題を紐解くヒントを得られたような気がするのは，筆者だけではないだろう。

　認定こども園みどりの森の保育と出会ってから約20年の時間が過ぎた。当時，幼稚園だったこの園で，「遊びを大切にした保育をしたい」と思いを語る先生方に共感し，一緒に環境を見直し，行事を再考し，記録を検証するなどの作業を重ねていたことが，今となっては懐かしく思い出される。一つ一つの検証の作業は，極めて地道なもので，この作業の先に確かな答えが見い出せるようなものではなかったが，それでも，小さな見直しは，必ず保育にある種の変化をもたらした。そんな小さな変化を共に愉しみ，喜び，一歩ずつ前に進む日々であった。

　20年の時を経て，園児50人，職員7人で運営していた小さな法人は，二つの園を有し，園児250人，職員70人の大所帯となった。そして，何より大きな変化は，実践に対するある種の手ごたえと確信を得たことである。こうした実践は，先生方の妥協のない教材研究とそれに基づく環境構成，とことん子どもの成長を願い，決して揺らぐことのない一人

一人の子どもたちや保護者への関わり，そして問い続け，学び続ける保育者の生き様から生まれたものであることを，伴走者として記しておきたい。

　もはや，けやき組の子どもたちの探究に「子どもたちの後を必死で置いて行かれないようについていっている……」(p.49) と述べる保育者同様，本園の子どもたちと保育者が作り出す実践に必死でついていっている編者がここにいる。

　私自身が，この子どもと保育者が共に作り出した実践から，多くの学びを得たように，今日も前述したテーマを問い続けている全国の保育者のみなさんに，何らかのヒントを届けることができたなら，という思いから，本ブックレットを出版させていただいた。出版事情が厳しい中，本園の実践に感銘し筆者の思いに応えていただいた，ななみ書房・長渡晃氏には，心より感謝申し上げたい。実践者と研究者そして出版社は，それぞれ立場は異なるが，今の保育をよりよくしたい。今の時代を生きる子どもたちが幸せに生きる社会を作りたいという願いは共通する。そんな思いと共に，読者の皆様に本実践の記録が届くことを願ってやまない。そして，本園の今後の実践のためにも，そして，これからの保育研究のためにも忌憚のないご意見を頂戴できれば幸いである。

　最後に，教育界で語り示されてきたいわゆる5歳児の発達段階の姿を易々と超えて，力強く学びあうその姿を見せてくれたけやき組の子どもたちに感謝したい。みなさんが植えたあの木々が大きく成長した時，平和で持続可能な社会が実現しているよう，私たち大人はみなさんからいただいた重く大きな宿題をやり遂げなければならない。その約束のためにも，この記録は残しておきたいと思う。

　本ブックレットは，シリーズ化する予定でいる。１冊のブックレットに，一年間の事例を記録し，今後も公刊する予定でいる。シリーズ２では，本園の姉妹園である「認定こども園　やかまし村」の５歳児の実践記録をまとめてみたい。続けて，記録を公表することで，実践者と共にこれらの実践を相対化し，改めて整理し，学ぶ機会としたい。読者の皆様には，テーマは異なっても，実践に共通する保育の原点を確認いただき，共に検証する機会としていただければ幸いである。

　2023 年　薄雪纏う泉ヶ岳の木々を仰ぎつつ

　　　　　　　　　　　　　　　　　　編著者　磯部裕子

（本研究の一部は，JSPS 研究費〈17K04638〉の助成を受けたものである）

所在地及び環境	所在地：宮城県仙台市青葉区柏木１－７－45 環　境：宮城県仙台市の中心部から２キロほど北に位置し，伊達政宗が町割りをした旧市街地のはずれにあたる。園の周囲は，自然が豊かというには程遠い環境ではあるが，すぐ近くにある北山地域は，寺社仏閣が多く，今も緑が多く残されている。
園の沿革	大正 13 年　仙台仏教託児園として運営を開始 昭和 23 年　みどり保育園に変更 昭和 34 年　財団法人仙台仏教みどり学園みどり幼稚園として認可 昭和 54 年　学校法人に移行 平成 元 年　園児減少により休園 平成 12 年　学校法人仙台みどり学園みどりの森幼稚園として，再園 平成 16 年　耐震化を主な目的として，園舎の全面改修 平成 27 年　幼保連携型認定こども園に移行 平成 29 年　仙台市泉区野村に姉妹園「やかまし村」を開園 令和 5 年 4 月　０歳児・１歳児のクラスを増設
教育目標	・自分がいやなことは人にしない 　自分がしてほしいことはすすんで人にしてあげる ・自分自身も地球の中の自然のひとつだということが感じられる ・人生における智慧を身につける
定　員 （クラス内訳）	森のももんちゃん　（０歳児）　　　　　　　　　６人（令和５年４月〜） 森のねこのぴっち　（１歳児）　　　　　　　　12人（令和５年４月〜） 森のしずくちゃん　（２歳児・満３歳児）　18 人 森のあおむしくん　（３歳児）　　　　　　　35 人 どんぐり　　　　　（４歳児）　　　　　　　35 人 けやき　　　　　　（５歳児）　　　　　　　35 人
保育時間	教育時間　　月〜金　9：00 〜 14：00 保育時間　　月〜金　7：15 〜 19：15 　　　　　　土　　　7：15 〜 18：15
保育内容の特色	「生活を通して保育する」の理念を元に，子どもの主体的な遊びを追求した保育を行っている。また，その子どもの主体的な遊びの中に「遊びの中の学び」を見つけ出す試みの一つとして年長児の一年を子どもの興味に沿って行う「プロジェクト」を行っており，そのプロジェクトの最終目標は「自分自身も地球の自然の一つと感じられる」という教育目標の達成と考えている。また，そのプロジェクトの中で起こる協同の学びの実現こそ小学校へのアプローチカリキュラムと同意であると考えている。

表 1　仙台みどり学園　幼保連携型認定こども園みどりの森 概要

●参考文献●

- 青木久子・河邉貴子『遊びのフォークロア』（幼児教育知の探究8）萌文書林 2015
- 板倉聖宣『熱と火の正体－技術・技能と科学』（サイエンスシアターシリーズ－熱をさぐる編② 温度と原子分子）仮説社 2003
- インフォビジュアル研究所『図解でわかる 14歳からの脱炭素社会』太田出版 2021
- 大宮勇雄『保育の質を高める－21世紀の保育観・保育条件・専門性』ひとなる書房 2006
- 大内正伸『囲炉裏と薪火暮らしの本』農山漁村文化協会 2013
- 杉浦銀治（編），竹内通雅（絵）『火と炭の絵本－火おこし編』（つくってあそぼう 19）農山漁村文化協会 2006
- 佐伯 胖・若狭蔵之助・中西新太郎（編）『学びの共同体』（フレネの教室1）青木書店 1996
- 佐藤 学『学びの快楽－ダイアローグへ』世織書房 1999
- 佐藤 学『学びの共同体の創造－探究と協同へ』小学館 2021
- さとうち藍（文），松岡達英（絵）『冒険図鑑－野外で生活するために』福音館書店 1985
- 寒川 一『焚き火の作法』学研プラス 2021
- 田中智志『学びを支える活動へ－存在論の深みから』東信堂 2010
- 宮原武夫（監），仙台市縄文の森広場協力 本山浩子『体験しよう！縄文人のくらし②－くらしと食事』汐文社 2009
- 山尾三省『火を焚きなさい－山尾三省の詩のことば』野草社 2018

●編著者
磯部　裕子（いそべ　ひろこ）
　　聖心女子大学文学部教育学科卒業ののち，8年間保育者生活を送る。その後，青山学院大学大学院後期博士課程修了。
　　現在，宮城学院女子大学教育学部教授
　　専門は，保育のカリキュラム論，環境論。本務校で保育者養成に携わりながら，保育者と共に，実践研究を進めている。
　　2011年東日本大震災後に，被災地の保育を再生するために，保育者仲間と共に「みやぎ・わらすっこプロジェクト」を立ち上げ，代表を務める。

●著　者
藤澤友香子　（ふじさわ　ゆかこ）　Ⅲ－2.3.4
　　幼保連携型認定こども園みどりの森　保育教諭
　　宮城県立保育専門学院卒業ののち，仙台市公立保育所で保育士として16年間勤務，その後，現職。

早川陽太郎（はやかわ　ようたろう）　Ⅲ－1
　　幼保連携型認定こども園みどりの森　保育教諭
　　東北福祉大学　子ども科学部子ども教育学科卒業ののち，現職。

「学び」が深まる実践へ1　　ななみブックレット№.13
——「火起こし」体験に見る5歳児の探究の世界——
2023年2月1日　第1版第1刷発行

●編著者	磯部裕子
●発行者	長渡　晃
●発行所	有限会社　ななみ書房
	〒252-0317　神奈川県相模原市南区御園1-18-57
	TEL　042-740-0773
	http://773books.jp
●絵・デザイン	磯部錦司・内海　亨
●印刷・製本	協友印刷株式会社

©2023　H.Isobe
ISBN978-4-910973-00-5
Printed in Japan